朱啟鈐與北京

劉宗漢恭署

朱延琦 口述

中国文物学会 20 世纪建筑遗产委员会 编

浙江摄影出版社

全国百佳图书出版单位

《朱启钤与北京》编委会

朱延琦　口述

中国文物学会 20 世纪建筑遗产委员会　编

顾　问

单霁翔　马国馨

封面题签

刘宗汉

策　划

金　磊

执行编委

朱延琦　华新民　金　磊　殷力欣　叶依谦　崔　勇

陈　霁　胡　燕　李海霞　苗　淼　李　沉　朱有恒

金维忻　董晨曦　刘仕悦　朱静莎

文字统筹

殷力欣　金　磊

口述整理

苗　淼　李　沉

图片提供

朱延琦　中国文物学会 20 世纪建筑遗产委员会　等

序

由《中国建筑文化遗产》编辑部组织相关单位编撰的《朱启钤与北京》出版在即，请我作序，我有些感慨。一是 2022 年恰逢朱启钤先生诞辰 150 周年，学界梳理他对中国城市现代化的贡献极为有价值；二是这是一本专门记录朱桂老对老北京城市建设贡献的书，纵观朱启钤对北京城市建设诸方面的成就轨迹，以至于他生前居住的东四八条 111 号院落，均在北京中轴线脉络上，它们无疑是有"故事"可讲的；三是该书不是文论集萃，而以朱启钤曾孙朱延琦口述为主，这一点尤为珍贵。《中国建筑文化遗产》编辑部组织专家，对文稿史实、人物关联进行缜密研究，使该书的叙述更准确且生动，对了解北京文化遗产保护及中轴线"申遗"的历史贡献者朱启钤，是十分难得的。

我多次造访朱启钤故居东四八条 111 号及赵堂子胡同 3 号院。最近一次去东四八条 111 号与朱延琦先生交流四合院保护事宜、了解朱启钤生前对北京的贡献，是 2020 年 11 月初的事，而后我就建议中国文物学会 20 世纪建筑遗产委员会的专家，从 20 世纪遗产保护的事件与人的研究视角，深入调研此院落的相关问题及朱启钤晚年的经历。专家团队历时近两年的工作成果，相信会令读者更加看清并敬佩朱桂老的历史性贡献。正如周恩来总理评价他为"著名实业家、爱国老人及中国著名建筑历史学家";著名建筑学家梁思成、刘敦桢、林徽因等尊他为启蒙师;1989年中国营造学社成立六十周年时,吴良镛教授撰文称其"发扬光大中国营造学社所开创的中国建筑研究事业",傅熹年院士称"朱启钤是研究中国建筑的倡导者和引路人"。

我记得十四年前的2009年,正值中国营造学社成立八十周年,我参加了两次纪念活动。第一次是4月14日在东四街道的南新仓大运河皇家仓厫中,活动主题是"留下中国建筑的精魂——纪念朱启钤创立中国营造学社八十周年画集",由《建筑创作》杂志社与东四街道办事处主办。他们举办了朱启钤与中国营造学社展及扎实且有深度的论坛,活动在京城百姓生活的传统街区中进行,其意义既是纪念先贤,又普及社区建筑文博文化。第二次是11月7日,在清华大学举办的"中国营造学社的学术之路——纪念中国营造学社成立80周年国际学术研讨会"中,我在致辞中说:"朱启钤与中国营造学社不仅是建筑历史学科的奠基人,更是中国文物事业的先驱,其开拓性贡献,创立的用科学且现代手段补充中国建筑师史学体系的方法,取得了后人难以逾越的辉煌成就,在中国建筑史上树起了一座丰碑。"

在《朱启钤与北京》一书即将问世时,我想到面对北京中轴线申遗按下"快行键",面对东四南北大街完成环境提升面貌改观的情况,"文化东城"建设既然提出有七百年"文风京韵、大市银街"的人文历史,就要加强对包括朱启钤先生在内的重要历史人物的研究,从中汲取深层次的北京历史文化保护与现代化传承的养分。我相信每位《朱启钤与北京》的读者,都会感悟到朱启钤与中国营造学社是有建筑技艺文化潜质的,应纳入"大文旅计划"予以开发,因为其中蕴含的中华文化遗产的内容极其丰富。

特此为序。

（中国文物学会会长、故宫博物院学术委员会主任）

2023年12月

目 录

001 / 回忆我的曾祖父朱启钤先生 / 朱延琦

002 / 第一章 自述家世

007 / 第二章 我所知道的朱启钤先生的历史贡献

007 / 开北京城市建设管理之先河

012 / 临危受命，接办中兴煤矿

016 / 创立中国营造学社，提议重建中国营造学社

020 / 中国警察制度与京师模范监狱创立者之一

021 / 创立北京第一家传染病医院

022 / 对朱启钤改建前门、中山公园、王府井大街的补充说明

041 / 第三章 对朱启钤先生的印象

041 / 老祖的生活点滴

045 / 老祖的朋友们

049 / 老祖的为人之道

050 / 老祖最后的日子

053 / 关于东四八条故居

059 / 关于赵堂子胡同 3 号故居

071 / 第四章　来自亲朋和学术界对朱启钤先生的回忆

071 / 叔祖父朱海北、父亲朱文极、叔父朱文楷的回忆

076 / 当代学者的述评

084 / 中国营造学社成员的回忆

087 / 第五章　结　语

088 / 附　录

088 / 附录一　朱启钤开创的城市建设遗产保护之路

　　　　　　——纪念朱启钤先生诞辰 150 周年 / 金磊

101 / 附录二　北京宣南香厂街区近现代建筑遗产考察记略

　　　　　　——朱启钤与北京香厂路地区历史建筑改造及其历史变迁

　　　　　　/ 建筑文化考察组

119 / 附录三　陈明达先生访谈录（节选）/ 殷力欣、成丽整理

141 / 编后记 / 金磊

回忆我的曾祖父朱启钤先生[1]

口述：朱延琦

采编：《中国建筑文化遗产》编辑部

我的曾祖父朱启钤（1872—1964）是中国近现代著名历史人物，是心系民族兴亡、锐意革新的政治活动家，也是在继承发扬传统文化（如古代建筑、书画乃至女红等）方面有突出贡献的国学大师。他的贡献见诸书刊，甚至当今的网络信息。这里，我不作过多的描述，而偏重讲述我所知道的他老人家的生活点滴，以及他对北京城建设的特殊贡献。

青年朱启钤　　　　　　　　　　晚清时期的朱启钤

[1] 关于本书所配插图的说明：朱启钤先生生平相关的老照片为朱延琦先生提供；其余图片由中国文物学会 20 世纪建筑遗产委员会提供。

---- 第一章 ----

自述家世

　　人们都说曾祖父朱启钤先生是贵州人，但实际上我们的祖籍是婺源县（中华人民共和国成立后婺源归江西省管辖）。我的祖父朱沛（1891—1961）是朱启钤先生的长子，父亲朱文极（1911—1995）是朱启钤先生的长孙，我则是朱启钤先生的长房曾孙，而且是目前在世的唯一一个与他同屋生活过的人。我生于1947年（民国三十六年农历十一月初二），出生地是河北唐山。1952年全家搬至北京时我刚刚五岁，当时住在无量大人胡同[1]，同华揽洪[2]先生家住得很近，我家是25号，他家18号，两家也经常来往。曾祖父朱启钤先生就住在我现在居住的东四八条111号院（原门牌号54号，下文简称"八条"）。

　　我的父亲朱文极曾先后在东北大学、清华大学及上海圣约翰学校就读，后赴美国密歇根大学学习土木工程专业。我的母亲贺圣慈学医，我的外公贺雪航也是著名实业家，与盛宣怀交往甚密，并对中国营造学社很多工作提供过支持。父亲留学归国后，早期与吴幼权[3]一同做生意。当时吴幼权手中持有日本、国民党及新四军的通商许可。因与日本人有生意往来，曾祖父知道后非常不满，把我父亲叫回来，禁止他同日本人再做买卖。当时袁家在唐山开办开滦煤矿[4]，正需要外语人才，因我的父母英文都非常好，就让我父亲去唐山投奔袁家，因此我和另外两个哥哥都是在唐山出生的。

　　我的四姑爷爷吴敬安（朱启钤四女朱津筠之夫婿）是张学良手下的飞行队长，后来奉命去美国采购飞机。二战时期美国的飞机质量也

---

[1] 位于东堂子胡同北侧，后改名为红星胡同。今红星胡同只存东部一小段。
[2] 华揽洪，著名建筑师，朱启钤旧友华南圭之子。
[3] 吴幼权，东北军阀吴俊陞（1863—1928，外号"吴大舌头"）之子，朱启钤之九女婿。
[4] 袁世凯之子袁克定曾投资开滦煤矿。

赵堂子胡同时期朱启钤全家合影

朱启钤之四女朱津筠

不是很高，经常有自毁、坠落的情况，有些人就诬告四姑爷爷中间拿了回扣。曾祖父说朱家人不可能做这种事，他便亲自去上海面见蒋介石陈情，此后从上海赶赴天津，因中兴轮船公司在天津设有办事处。

20世纪初，曾祖父曾任津浦铁路北段总办，督建了济南黄河铁路大桥等很多重要的铁路工程。曾祖父耳聋也是这个原因导致的。1911年的一天，修建黄河铁路桥时，须人下到黄河底下沉箱中深掘淤泥层，再用水泥浇筑墩基，他在乘电梯深入沉箱、督查施工质量时，突然接到加急电报，需赶紧上升到地面，因电梯升速太快，导致耳膜破裂。而这封电报的内容，就是我父亲的出生。后来，曾祖父从天津回北京，我父亲一家人就跟着来到北京照顾他。我父亲后来也曾

朱启钤之次女朱淇筠 1924 年摄于北戴河继室于夫人墓前

朱启钤与家人在北戴河继室于夫人墓前

北戴河海滨度假的朱启钤旧照之一

北戴河海滨度假的朱启钤旧照之二

在天津工作过,在解放路的开滦煤矿大楼里办公[1]。

1965年,我从二十四中初中毕业后和王世襄先生(1914—2009)的儿子王敦煌一道去宁夏建设兵团参加劳动,一去就是13年,回到北京时已30出头了。这个建设兵团还有两个特殊名称——"中国人民解放军农业建设第十三师""兰字951部队"。回京后,我被分配在市政系统,先后在一公司、二公司、三公司工作,但因身体原因及工作负荷太大,就申请调去中粮集团工作,一直到退休。

关于我们的家世繁衍传承,我大致列了自曾祖父以来的一个简表,如下[2]。

[1] 应是泰安道,正式名称为开滦矿务局大楼。

[2] 朱延琦先生在此处出示了一张手写简表。本书为便于读者阅读,将此手写简表排版为如下文本。——整理者注。

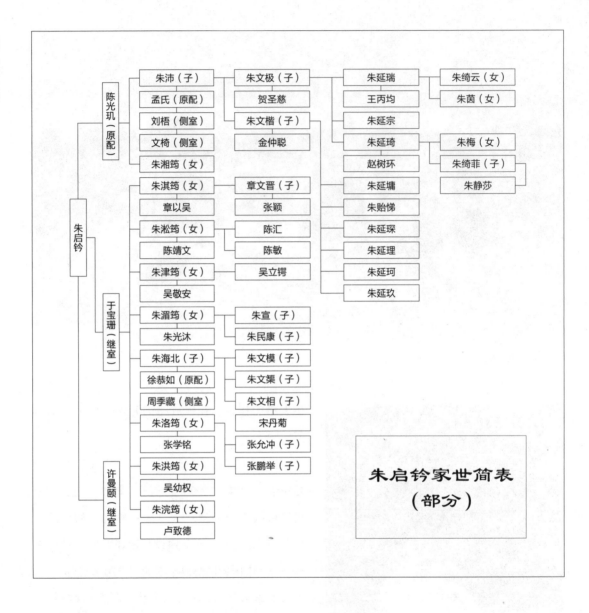

朱启钤家世简表
（部分）

　　从曾祖父起，我们这个大家族繁衍传承六代人了。其中不乏朱海北、张学铭、吴敬安、朱文极、朱文楷、章文晋这样有成就的子嗣或至亲。到我这一代以及我的下一代，我们未必都想成就一番常人难以企及的事业，但至少我们要接续曾祖父传承给我们的良好家风——爱国、重道、务实和无私奉献。

◇───── 第二章 ─────◇

我所知道的朱启钤先生的历史贡献

　　提起曾祖父朱启钤，现在很多人都不知他是谁，实际上他做的很多事，就在我们身边。在过去描述朱启钤先生贡献的各种文章中，挖掘的深度是有欠缺的。老祖朱启钤一生做过很多事，事事出色，不管造铁路、开煤矿、办轮船公司、收藏文物，还是营造，全是拔尖的。在北京城改造、创立中国警察制度等方面，都值得大书一笔，北京的前门箭楼、中山公园、新华门以及河北北戴河海滨的改建等，都有他的心血和贡献。

开北京城市建设管理之先河

　　可以说，曾祖父朱启钤是让北京初具现代城市雏形的第一人。要知道，中国传统社会里从来没有过"市政"的概念。清末西风东渐，清政府设立了巡警部。当时中国警察的职责范围要比西方警察广泛得多，人口普查、公共工程、消防、贫困救济、公众健康、公共卫生、社会治安都包括在内。曾督修天津劝业场的曾祖父，于1906年起先后就任掌管"杂七杂八一揽子事"的北京内城巡警厅、外城巡警厅的厅丞（相当于北京市公安局局长）。在任期间，他一改当时社会的官僚风气，亲自骑马走遍北京大街小巷，细致观察，体察民情。

　　那时北京街道没有统一种植树木，只有皇宫、禁苑等才按计划栽种，曾祖父则大力提倡种树，当时他管这种种在街上的树叫"街树"。对于古树的建档工作，曾祖父也做出了开创性贡献。"左祖右社"（即中山公园、劳动人民文化宫）的古树在曾祖父的管理下均有编号、档案，他无疑是北京街道树木园林景观建设的先驱。

　　曾祖父朱启钤先生还是王府井东安市场的创立者之一。慈禧太后掌权时期，大兴土木修建清东陵，从故宫到清东陵须从东华门出，东华门至东安门这段大街破损不堪，两侧还麇集着众多商贩，人来车往，叫卖不绝。朝廷便觉这里既不安全，又行走不畅。于是秉承慈禧太后的旨意，京城的步军统领衙门便着手对这条大街进行修缮。先是将这里作为练兵场，庚子事变后，一些原在前门大街和大栅栏地区开设的洋货铺以及估衣铺等商号，因店铺在庚子事变中被八国联军悉数焚毁，便纷纷搬到东华门。这样，商户数量迅速增多，经营的商品种类和范围也随之扩大，十分不便于管理，后在曾祖父朱启钤指挥与布

东安市场旧影

东安市场画作

新东安市场

民国初年的朱启钤家居留影

民国初年任交通总长时的朱启钤

局下，形成了一个颇具规模的综合性市场，逐渐成为今日我们眼中规范的东安市场。

中华民国成立以后，曾祖父当了交通总长和内务总长，北京的市政建设正是他的分内操持之事。

北京建城之际，出于安全考虑，紫禁城被包裹在重重城墙之内。随着人口的增加和交通的繁忙，皇城已经成为堵在城市中央的一个巨大障碍。曾祖父不顾"伤害龙脉""拆祖宗基业"的骂名，力排众议：

第一，拆除了天安门到中华门之间废弃已久的千步廊。可贵的是他并没有一拆了之，而是将拆下的砖瓦木料细致编号，运到社稷坛。

第二，在他任主席的董事会管理下，由华南圭（1877—1961）等规划设计师将天安门西侧的社稷坛规划建设成北京市的第一座公园——中央公园（今中山公园），于1914年向公众开放。[1]

第三，拆除长安左门和长安右门，打通长安街。打通长安街堪称标志性事件——以前的"御街"成了民众出行的通衢大道。

---

[1] 详见后文"对朱启钤改建前门、中山公园、王府井大街的补充说明"章节。

第四，于1916年拆掉前门瓮城，使前门成为北京地标性建筑。

第五，当时民国政府设在中南海，他拆掉围墙，改宝月轩为新华门，围墙东西两侧各修八字围墙和新华门相接，大门内修一影壁，新华门对面修一灰色围墙，以遮挡杂乱民居，提升中央政府机关的严肃性。

1922年，外国游客朱莉特·布雷登游览北京后感叹："崎岖不平、未加铺设的街道上挤满了驴子、骡车和骆驼队，而今日平坦的通衢大道代替了往昔的一切。"一个帝国的艰难转型，带动着城市的转型。

曾祖父还有一个重要举措，即开了治理国家"历法与假日"的先河。20世纪初，中国在按农历还是西历过年上曾有过争论。虽然孙中山先生曾提出过按西历过年，但毕竟中国当时是农业国家，老百姓还是习惯按农历过年，这样就有了不小的冲突。于是，1913年曾祖父建议顺应民意，提出既然全年有四个季节，可安排所有公职人员每个季节休息一天，而后又增加春节一日休息，这样逐渐推广到民间，才有了如今过节放假的概念。这在今日看来是平常事，倒退到一百多

中山公园水榭

改造前的北京正阳门

1915年正阳门改造工程典礼

改造后的北京正阳门

年前，却是特别具有气魄之壮举。

老祖能有这样的智慧思想，一方面源于他幼时在湖南长大，当时湖南进步思想之风很盛，接受新鲜事物更快。另一方面源自家人影响，他的第一任夫人（陈光玑）与晚清著名政治家、两广和直隶总督曾国藩是亲戚关系，曾祖母的父亲曾任外交官派驻欧洲，她跟父亲一起在国外生活了若干年，曾向老祖讲述很多国外的风土人情、先进观念。老祖早年也曾考察欧洲，视野本来就开阔，可贵的是他并没有一味追捧西方所谓的"先进理念"，而是在尊重中国传统文化的基础上敢于改革、洋为中用，才有了一系列的创举。

曾国藩（1811—1872）

临危受命，接办中兴煤矿

曾祖父朱启钤先生在接办中兴煤矿时，辞去了很多社会职务，现在想来也是为了避免"官商勾结"的嫌疑。

中兴煤矿初创时管理和技术方面仍然沿用煤窑旧制，劳动条件恶劣。随着矿井不断延伸，井下伤亡事故日益增多。1893 年，矿区早班小窑突发特大涌水，100 多名矿工被淹死在井下。矿难的发生，激起了其他矿工和死难者亲属的极大愤怒。

曾祖父接任中兴煤矿董事长后，首先引进新的提升机，改变传统的人背肩扛的作业方式。他尤其注重对工人身体健康、生命安全的保障，兴建医院、学校等生活配套设施。据当时煤矿工人的后代介绍，中兴煤矿鼎盛时期，家里只要有一个人去矿上工作，这一家的吃穿用度就不愁了。而且，中兴煤矿的工人及家属看病是免费的，均由矿上医院负担。曾祖父还特意购置了 X 光机，这也是当时世界上最先进的体检设备，专为矿工排查硅肺病所设。在矿场运营管理方面，曾祖父也展示出了优秀企业家的气概，他力排众议，让股东继续投资的同时向政府申请资金，修建了 80 公里铁路，解决了煤炭运输的问题。

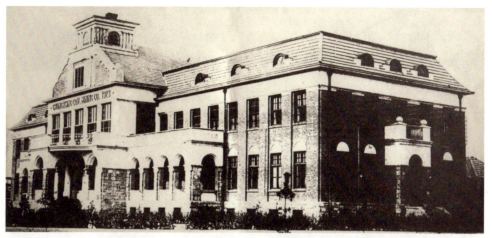

中兴公司大楼侧面（1925 年拍摄）

老中兴公司办公楼
中兴文史馆中展示的中兴公司大楼旧影

20 世纪 30 年代中兴煤矿三段截煤机

中兴煤矿办公楼现状

位于中兴煤矿办公楼内的中兴文史馆正厅及楼梯现状

中兴文史馆展厅现状

中兴煤矿老衙门旧址

中兴煤矿电务楼

中兴煤矿东大井旧址　　　　中兴煤矿洋房

曾祖父吸纳了张学良等入股中兴煤矿，为此事还与蒋介石有过争执。因北伐急需军费，蒋介石要求中兴煤矿出资，曾祖父回复"不弄枪、不弄炮、不打革命党，我们只产煤"。

中兴煤矿现已改建成中兴煤矿博物馆，那台价值不菲的 X 光机，现在就收藏在博物馆中。

曾祖父虽一生身居高位，但一直乐善好施，投身国家建设事业，捐款无数，过世后只给家人留下 800 元钱，周恩来总理得知后深感意外。我想，像曾祖父这样身份的人有无数"发财"的机会，只是他不屑而已。如他在民国初年参与创办的中兴轮船公司是唯一没有外国股份的全资中方轮船公司，抗日时为防止日军登陆，中兴公司自沉在港口的数艘轮船，以防日军进港。新中国成立后，他联系数名中兴轮船公司董事，设法召回九艘轮船，悉数捐给国家。

创立中国营造学社，提议重建中国营造学社

老祖朱启钤 1919 年因公出差时，在南京发现了宋代李诚所著《营造法式》。之后，老祖辗转收集中国古代营造书籍文献，并组织

中国营造学社时期，朱启钤在赵堂子胡同 3 号

中国营造学社时期，朱启钤在赵堂子胡同 3 号

创立中国营造学社之题词

《中国营造学社汇刊》第一卷第一期书影

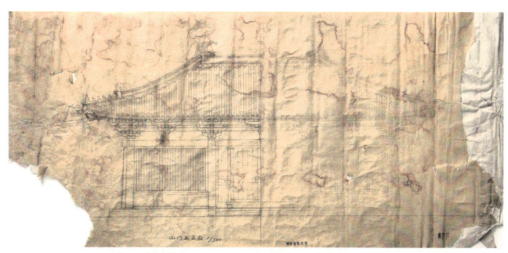

抗战期间朱启钤抢救的营造学社测绘图纸（水残资料）之蓟县独乐寺山门正立面

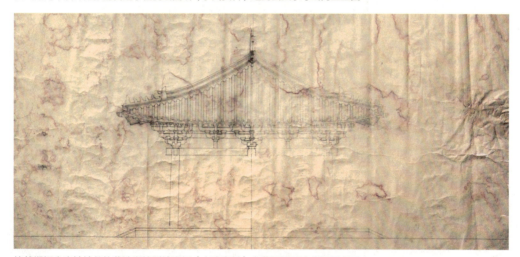

抗战期间朱启钤抢救的营造学社测绘图纸（水残资料）之蓟县独乐寺山门侧立面

专人将古文按现代文法"转译"成白话并在现代社会中推广应用。在老祖为将中国传统建筑发扬光大所做的诸多贡献中，创建中国营造学社是最大的一项。

　　这个由他一手创立的私立学术研究机构，规模并不很大，人员也不算多，从正式成立（1929）到无声消失（1946），只有十几年的历史，但在建筑领域的影响是巨大的，至今为人们所津津乐道。中国营造学社对建筑典籍的研究，特别是对古建筑实例的调研，仍是至今难以超越的学术高峰；学社培养出梁思成、刘敦桢、林徽因、陈明达、刘致平、莫宗江、单士元、卢绳、王世襄、罗哲文等一批学术精英，取得了一系列建筑历史学领域开创性的研究成果，并以其独特的研究体系，影响了以后各大学、研究机构的学科设置。营造学社历史虽不长但却成果丰硕，老祖作为这个学术机构的掌门人，始终对它的消失心有不甘，总在找机会令其复活。

老祖一生酷爱读书，而且记忆力非凡。幼时念书也是很不易的。老祖三岁丧父，其母傅太夫人带着他和妹妹赴湖南长沙娘家生活，旧时中国将丧夫携子的母子称"拖油瓶"。傅太夫人擅长家务，且手艺高超，故老祖对母亲的刺绣等女红的手艺从小看得很仔细，加之自幼聪慧，故后来在中国缂丝鉴赏方面颇有建树。老祖收购大批自宋代至清代的缂丝制品，故有"中国缂丝收藏第一人"之称。老祖对女红技艺的整理，也与他创办营造学社的用意相似。

20世纪50年代初，老祖曾向政协提交一份提案，建议重建中国营造学社。因当时没有打字机，老祖又年事已高，所以提案由我母亲代笔。后来几经周折我找到了这份提案的复印件，可惜后来遗失了。

为传承建筑遗产，近年来，我也曾经去民政部了解成立"中国营造学社基金会"的手续，先向工作人员解释何为"营造"，对方了解后给出的答复是目前"基金会"审批严格，暂缓批复。作为中国营造学社的创始人后人，我们成立基金会的初衷，是鼓励文物保护工作者包括文博教育人士开展文物保护，并给予适当的奖励。

中国警察制度与京师模范监狱创立者之一

1905年，老祖朱启钤先生与徐世昌共同制定了中国警察制度。两人在工作上紧密合作，私交也很好，外界有传两人关系特殊，但老祖向来不喜"搞关系"，他认为在官言官，"我做官，不做生意"。后来，清法部尚书戴鸿慈倡建京师模范监狱。老祖与徐世昌都是推动者。京师模范监狱从倡议到建成、投入使用，老祖都给过很好的建议，尤其是他为监狱的管理制定了很多制度，包括犯人的管理制度、警务制度、消防制度等。而且还招募了女警察，这在封建社会是十分不得了的事情。

京师模范监狱

创立北京第一家传染病医院

　　据我所知，北京市第一家传染病医院是老祖创办的。20世纪初北京曾暴发一场瘟疫，死亡无数，人人谈病色变。该病传染力颇强，老祖得知名中医孔伯华研制的中药颇有成效，随后老祖令京城各药店均熬制汤药，供京城中人免费服用，最终遏制住疫情。疫情之后，在老祖的大力推进下，北京市建成了第一家传染病医院——京师传染病医院。

北京第一家传染病医院（今北京大学人民医院）旧影及现状

对朱启钤改建前门、中山公园、王府井大街的补充说明

有关老祖朱启钤对北京城市建设的贡献，至今为后人所津津乐道的是他改建前门大街、中山公园、王府井大街这三个项目。前面说的过于简略，这里着重补充说明一下。

1. 关于前门

进入民国以来，老祖对于北京的市政建设，应该说起步于前三门改造。很难得的是，关于这件事，老祖留下了文稿《修改京师前三门城垣工程呈》，这是北京城建史上的珍贵历史文献。

《修改京师前三门城垣工程呈》作于 1914 年，后来收录在 1936

改建前的前门大街

改造后的前门大街旧影之一

年版的《蠖园文存》[1]，再后来收录在 2009 年版的《营造论——暨朱启钤纪念文选》[2]——这一版最便于读者查阅。文章篇幅不长，我们不妨在这里浏览一遍[3]。

京师为首善之区，中外人士观瞻所萃，凡百设施，必须整齐宏肃，俾为全国模范。正阳、崇文、宣武三门地方，阛阓繁密毂击肩摩，益以正阳城外京奉、京汉两干路贯达于斯，愈形逼窄，循是不变，于市政交通动多窒碍，殊不足以扩规模而崇体制。启钤任交通总长时，曾于修筑京都环城铁路案内，奉令修改瓮城，疏浚河道及关于土地收用事宜，应由内务部会同步军统领，督饬各该管官厅、营泛协办补助，俾速施工。查修改正阳门工程一案，所有关于拆去瓮城，改用城内外民房、官厅，添辟城门及展修马

[1] 朱启钤：《蠖园文存》，紫江朱氏家乘本，1936。
[2] 朱启钤：《营造论——暨朱启钤纪念文选》，天津大学出版社，2009。
[3] 这里，朱延琦先生向大家展示了收录在《营造论——暨朱启钤纪念文选》中的《修改京师前三门城垣工程呈》，请大家共同阅读全文。本次收录，略作校订。

改造后的前门大街旧影之二、三

路，修造暗沟各项办法，曾于上年由内务、交通两部派员，迭次
筹商备具议案，提出国务会议议决在案。现奉明令，遵即会同组
织改良前三门工程委员会拣派专员，悉心规画[1]，赓续办理，以
策进行。兹特就原订各条逐加研究，参酌情形分别修正扩充，妥
拟办法，俾期完备。如正阳门瓮城东西月墙分别拆改，于原交点
处东西各开二门，即以月墙地址改筑马路，以便出入。另于西城
根化石桥附近，添辟城洞一处，加造桥梁以缩短城内外之交通。
又瓮城正面箭楼，工筑崇巍，拟仍存留，惟于旧时建筑不合程式
者，酌加改良；并另添修马路，安设石级，护以石栏，栏外种植
树木，以供众览。又箭楼以内正阳门以外，原有空地，拟将关于
交通路线酌量划出外，所余之地一律铺种草皮，杂植花木，环竖
石栏，贯以铁练，与箭楼点缀联络一致，并留为将来建造纪念物
之地。又正阳门地势低洼，夏令常易积水，拟于新开左右城门之
下修砌暗沟，处右华门前石栅栏内起，通至护城河止，藉资宣泄，
此关于修改瓮城之工程计划也。复查围绕瓮城东西两面，原设有
正阳商场一所，麋集贸易阻碍交通，应即撤去，现已由警察厅协

---

[1] "规画"一词，今规范为"规划"。——整理者注。

商发价迁移。又正阳门东西城垣附近，内外各官厅及民房，各处勘定之后，认为有碍交通者，按照收用房地暂行章程，一体饬令迁让，以维公益。其瓮城内旧有古庙二座，拟仍保存加以鬃饰，停留古迹，此关于收用土地改正道路之大概情形也。至疏浚河道事宜，内务部查京师内外城河道沟渠淤塞已久，业经组织测量队分段实地勘测，如将来勘定河身裁弯取直，势须略向南移，其北岸腾出空地，拟即全行拨归交通部接管，以备扩充东西车站之用。至此次建筑工程及收用土地等项所需经费，交通部查前门东西车站，在两路为全线之首站，在中央系全国之观瞻，现今各路联运来往频繁，与世界交通尤有关系，所有车站设备及附属车站之建筑物，亟应进求完备，未可因仍旧观。此次工程改良以后，平治道路，便利交通，点缀风景，展拓余地，凡所设施莫不直接间接与该两站有关，且获相当之利益，前项经费，拟饬由京奉、京汉两路，各拨银元二十万元列入预算，仍视工程之需要分期支拨，

改造后的前门大街旧影之四、五、六、七

撙节动用。惟此项工程重大，规划必期周详，庶于市政、交通前途多所裨益。启钤等职任所在自当随时会商，督饬承办各员妥慎将事，克期开工，并知照该管官厅、营汛协力辅助，晓谕商民，共维公益，俾成盛举而藏全工。

民国三年六月二十三日

我觉得这篇呈文用词简明扼要而不失典雅，以不长的篇幅将古都北京须作改良而"未可因仍旧观"的客观原因条分缕析，令人信服；而对于现存古建筑的存留问题，也不失时机地指出其"工筑崇巍"，故此"拟仍存留"。事实上，这篇文章促进了前门改造最佳方案的产生："瓮城东西月墙分别拆改"，而箭楼等得以完整保留，并成为新北京的标志性建筑。

此文自 1914 年问世，至今已一百一十个春秋了，仍启发我们思考：保存文化遗产与时代进步本不矛盾，而应是相得益彰的盛事。

中山公园来今雨轩

2. 关于中央公园（中山公园）

在建中央公园之前，老祖朱启钤先生把他拆千步廊时能再次利用的好料都依次编号、码放整齐，因而在修中央公园时，大部分予以利用。他还要求匠师仿造颐和园的样式修建一个长廊。当时建造的来今雨轩，至今仍令游人喜爱。民国时期的京城名流均以在来今雨轩谈论时局，饮茶，品冬菜包子、藤萝饼为一乐事。

对于修建中央公园这件事，老祖朱启

中山公园兰室匾额

中山公园唐花坞

中山公园保卫和平牌坊

钤先生也作了一篇文章，叫《中央公园记》[1]，文章篇幅也不长，我们不妨像刚才那样浏览一遍[2]。请看：

民国肇兴，与天下更始，中央政府既于西苑辟新华门为敷政布令之地，两阙三殿观光阗溢，而皇城宅中，宫墙障塞，乃开通南北长街、南北池子为两长衢。禁御既除，熙攘弥便，遂不得不亟营公园，为都人士女游息之所。社稷坛位于端门右侧，地望清华，景物巨丽，乃于民国三年十月十日开放为公园，以经营之事委诸董事会。园规取则于清严偕乐，不谬于风雅。因地当九衢之中，名曰中央公园。设园门于天安门之右，绮交脉注，绾毂四达。架长桥于西北隅，俯瞰太液，直趋西华门，俾游三殿及古物陈列所者跬步可达。西拓缭垣，收织女桥御河于园内，南流东注，迤逦以出皇城。撤西南复垣，引渠为池，累土为山，花坞水榭，映带左右，有水木明瑟之胜。更划端门外西庑朝房八楹，略事修葺，增建厅事，榜曰公园董事会，为董事治事之所。设行健会于外坛东门内驰道之南，为公共讲习体育之地。移建礼部习礼亭与内坛南门相值。其东建来今雨轩及投壶亭。西建绘影楼、春明馆，上林春一带廊舍。复建东西长廊，以蔽暑雨。迁圆明园所遗兰亭刻石及青云片、青莲朵、搴芝、绘月诸湖石，分置于林间水次，以供玩赏。其比岁，市民所增筑如公理战胜坊、药言亭、喷水池之属，更不遑枚举矣。北京自明初改建皇城，置社稷坛于阙右，与太庙对。坛制正方，石阶三成，陛各四级；上成用五色土随方筑之，中埋社主。墙垣甃以琉璃，各如其方之色。四面开棂星门，门外北为祭殿，又北为拜殿。西南建神库、神厨。坛门四座。西门外为牲亭。有清因之。此实我国数千年来特重土地人民之表征。今于坛址，务为保存，俾考古者有所征信焉。环坛古柏，井然森

---

[1] 初录于1936年版《蠖园文存》，再次收录于《营造论——暨朱启钤纪念文选》，第88—91页。

[2] 这里，朱延琦先生向大家展示了收录在《营造论——暨朱启钤纪念文选》中的另一篇文章《中央公园记》。

北京中山公园习礼亭现状。由朱启钤亲自倡导修建并具体操办的北京中央公园（今中山公园）于1914年10月10日正式对社会开放

北京中山公园内兰亭（八角亭）现状。此亭原建于明永乐十八年（1420），位于正阳门内兵部街鸿胪寺内。1900年八国联军入侵北京，鸿胪寺被焚毁，此亭得以幸存。后英军占领鸿胪寺为操场。清政府被迫将此亭迁至礼部衙门内。辛亥革命后，监务署在此衙门内办公。1915年监务署将此亭捐给中央公园（今中山公园）。该亭八根石柱及兰亭碑系由惨遭八国联军洗劫后的圆明园移建至此

中山公园内"青云片"，由长春园移此

改建中山公园时新建的来今雨轩

列，大都明初筑坛时所树。今围丈八尺者四株，丈五六尺者三株，斯为最巨；丈四尺至盈丈者百二十一株，不盈丈者六百三株，次之；未及五尺者二百四十余株；又已枯者百余株。围径既殊，年纪可度。最巨七柏，皆在坛南，相传为金元古刹所遗。此外合抱槐榆杂生，年浅者尚不在列。夫禁中嘉树，盘礴郁积，几经鼎革，无所毁伤，历数百年，吾人竟获栖息其下，而一旦复睹明社之旧，故国兴亡，益感怀乎乔木。继自今封殖之任，不在部寺，而在群众。枯菀之间，实自治精强弱所系。惟愿邦人君子爱护扶持，勿俾后人有生意婆娑之叹，斯尤启钤不能已于言者。启钤于民国三四年间长内部，从政余暇，与僚友经始斯园。园中庶事，决于董事会公议。凡百兴作及经常财用，由董事蠲集，不足则取给于游资及租息，官署所补者盖鲜。岁月骎骎，已逾十稔，董事会诸君砻石以待，谨述缘起及斯坛故实以诒将来，后之览者，庶有可考镜也。

关于这篇文章，我的叔祖父朱海北先生有这样的评述：

北京中山公园（原为中央公园），创建于1914年，已有70年历史。建园的历史人多已渺茫不知，如能一阅《中央公园记》，便可对该园创建始末有所了解。1924年，该园添建长廊时，决定于该园大门内建过厅三间，并在大厅左右两壁各嵌石两方，准备镌刻《中央公园记》供董事会董事题名之用。1925年，《中央公园记》始由先严朱启钤撰文，并由董事孟玉双书写。孟玉双曾亲自将所书底稿附于石面之上进行勾勒，与董事会题名录同时镌刻于大厅两壁嵌石之上（1938年孟玉双病逝，1964年先严病逝）。嗣后公园扩建过厅，石刻拆除，后之与览斯文者鲜矣……[1]

对叔祖父的说明，我还想补充一点：曾祖父对北京城市建设做出

---

[1] 朱启钤：《营造论——暨朱启钤纪念文选》，第88页。

了许多贡献，但对一件事是特别不满意的。北京中山公园里面有一个牌坊，最初是立在东长安街上的，被叫作"和平牌坊"，实际上却记着一段让人感到耻辱的历史。此牌坊是为纪念一个德国人而建，这个人名叫克林德，原来是德意志帝国驻中国大使馆的一名官员。义和团运动时，他见许多人练武，就下令德国兵开枪，打死了许多中国人。不久，克林德被中国士兵打死。当时的政府为安抚洋人，将中国士兵斩首，并为克林德立碑，以示赔礼道歉，后将此碑拆除，运至中山公园，改建为石牌坊。1952 年亚洲和平会议在北京举行，为纪念和平大会，此牌坊改名为保卫和平坊。当初为克林德立碑，老祖是反对的，但在朝为官，也只好奉命行事。

记得学者殷力欣先生曾这样点评：

> 我国历代城市建设，一向不乏公共景观，但明确地有别于"私园"的"公园"概念，却似乎肇始于清末民初。中央公园之设立，并不是中国近现代的公园初创，但朱启钤先生将皇家园囿改造为公园，仍是一个里程碑般的大事——既合乎时代进步要求，也暗合了"民为贵，社稷次之，君为轻"的中国古代先哲之人文理想。此文用字简略，却将原建筑遗存之改造、古木保护与环境营造、圆明园遗物之异地迁移等，娓娓道来，无一遗漏。而"继自今封殖之任，不在部寺，而在群众。枯菀之间，实自治精强弱所系。惟愿邦人君子爱护扶持"一句，可谓点睛之笔。

对这个评价，我深表赞同。

另外，中央公园（中山公园）内有一个"一息斋"，也与老祖朱启钤先生相关。他作过一篇《一息斋记》[1]，也值得我们留意。

> 甲寅（1914 年），乙卯（1915 年）之间经始斯园，余榜此事为"一息斋"，取吾宗文公"一息尚存，不容稍懈"之义，以自

---

[1] 朱启钤：《营造论——暨朱启钤纪念文选》，第 94—97 页。这里，朱延琦先生向大家展示了收录在《营造论——暨朱启钤纪念文选》中的《一息斋记》。

1938年作《一息斋记》，此为一息斋今貌

励也。屋三楹，在坛壝南门外巽位，本为宿卫之所。光绪三十二年丙午（1906年），余官巡警部内城厅丞时，夏至大雩，恭逢德宗[1]圣驾亲行，夤夜率所属入坛，待漏于此。鼎革以后，太常[2]不修，鞠为茂草。余长内部，遂辟金水桥为稷园正门，前当交午之地，榛莽乍起，游人咸乐其便。一息斋之南轩又当御路，最巨古柏三株，虬枝蟠屈，荫蔽数亩，常于树根编藤作榻以待宾。从来斯会者，有所经划，皆在树下咨诹之。且穿室后墉作茶灶具，饔飧退食之顷，则就此息止。其右三楹，则置市政工程处土木兴作，殆萃于斯。时方改建正阳门，撤除千步廊，取废材输供斯园构造，故用工称事所费无多。乃时论不察，訾余为坏古制侵官物者有之，好土木恣娱乐者有之，谤书四出，继以弹章，甚至为风水之说，耸动道路听闻。百堵待举而阻议横生，是则在此一息间，又百感以俱来矣。越年来今雨轩落成，裙屐毕集，舆论大和，乃复建董事会于其东偏，而斯室遂闭。

丙辰（1916年）解政，侨居津门时多，同社人士以爱屋及乌，室中一几一榻，保留未动。古树茵草设矩栏护之，犹殷殷无

---

[1] 德宗即清光绪皇帝。

[2] 太常系祭祀礼乐之官。清末废。

改所施。故余间岁偶来，共此晨夕，亦自得也。

戊寅（1938年）冬初，余以衰老坚请谢事，而斯园建立将届25周年。同人议编纪念册以记述经过，推委汤颇公主纂事，即安砚斯室，着手撰辑，间就余询本园经始以来兴革故事。惜昏眊善忘，不能悉举以告。数月书稿成，撰述颇详切，且归功于始事者。读之，不禁愀然而生感喟。

夫孔子论政，首曰先劳，继曰无倦，是先劳为前进之方法，无倦乃后事之精神。余从政数十年，因缘时会创者虽不一端，而跋前疐后，隳弃垂尽，都未尝一顾，独于斯园之建置流连不已者，顾此25年中，曾经许多波折，咸赖群策群力以赴之，方有济一息之存。斯志不息，又岂仅取以自勖哉！

近事园中委员会又以斯室为治事所，名园重振，礼从其朔，意甚盛也。吴君甘侯促余补记壁间，迟迟无以应之。冬夜枯坐，偶书前事，故兴忘之感，旁皇不忍缀笔。爰断取《诗》意，以铭斯室，后之君子盍诵斯语也。噫！南有乔木，勿翦勿拜。往来行言，以近有德。民亦劳止，汔可小息。惠此京师，以永终誉。

叔祖父朱海北先生曾对别人说过他对这篇文章的评价：

一息斋在中山公园社稷坛正门的东侧，对面为"习礼亭"。这里原是明清皇帝祭坛时警卫人员的住所。民国三年（1914年），先父启铃公任内务总长兼北京市政督办时，着手改建正阳门城垣和前门箭楼，并拆除了天安门对面两侧的千步廊；同时将稷园开辟为中央公园，开放供人游赏。园内增添设施所需工程用料，都由拆除千步廊的旧料解决。老人家常常亲去指挥规划，遂在社稷坛正门的三间北屋里设一办公地点，亲题匾额曰"一息斋"，系出自宋朝理学家朱熹的"一息尚存，不容稍懈"的箴言，意思是：只要呼吸没有停止，就应毫不倦怠地工作。后来公园董事会办公室在来今雨轩东面建成，这里即不再办公。但大家为了纪念启铃公当时忍辱负重，在谤言四起的攻击声中，任劳任怨地兴办了这项具有卓识远见、造福后人的公益事业，对一息斋始终保持着原来的陈设和格局。1938年（民国二十七年），启钤公以年届古稀，便辞去了公园董事长职务。时中山公园建园将届25周年，同人等正编纂纪念册记述沿革兴废，乃敦请启钤公撰文记事，先父遂写下了这篇《一息斋记》。

我于孩提时，常随先父和家人到此游玩，犹能忆及当日公园营建时，先父事必躬亲的劬劳情景；故每经过一息斋旧址，都感念遗训，激励良多。尤其看到园中游人在幽美环境中的怡然自得之情，更感受到当年启钤公和他的同道们的建园善举终获成果带来的欣慰。[1]

我觉得：择一事，终一生。老祖是个能甩开臂膀，成就匠心的人。作为文化捍卫者和爱国人士，他的书房亦称"一息斋"，体现了20世纪早期遗产保护楷模之精神。

3. 关于王府井大街

至于老祖朱启钤先生对北京城里的王府井大街改造的贡献，老祖自己也做了一篇文章，叫《王府井大街之今昔》[2]。与前面介绍的那三篇文章不同，这篇文章首先令人惊异的是，时年九旬的老祖一改文言文的写作习惯，开始以白话文运笔，很有一番与时俱进的风采。

北京东城区商业之繁荣，市场之集中，在解放十年内，比之前清及鼎革以后，进化之情形，不啻千百倍了。而东安市场，凡中西游客观察所及，无不以此为抽象之社会考验；而我市民之生活物质之需要，亦无不视此为一日不可缺少的集合地也。似此，要谈市政建设今昔比较观，应该先提出一些历史变迁之纪述。

---

[1] 朱启钤：《一息斋记》，收录于《营造论——暨朱启钤纪念文选》，第94页。

[2] 朱启钤：《营造论——暨朱启钤纪念文选》，第98—101页。这里，朱延琦先生向大家展示了收录在《营造论——暨朱启钤纪念文选》中的《王府井大街之今昔》一文。

20 世纪 30 年代北京王府井旧影

所谓王府井因何而得名，这是一个要翻开历史从明代说起的问题。明朝建都，在嘉靖以来，规模始具，传统建置，除王宫以外，推及宗亲、功臣外第，如唐朝在长安有五王府（见《宅京记》），宋朝在东京有十王府（李明仲《营造法式》中有建造王府外第列衔）。清代一因明制，东西两城都有王府赐第，占地颇广。而东城在长安街北方，最大王府，莫如豫王多铎府，规模至大。豫王府旧址后来为协和医院所改建，为市人所瞩目，崇楼碧瓦，周阖若干平方公尺，建筑家能测量言之。但豫王府之外围，如帅府园、金鱼胡同、双旗杆、冰渣胡同、煤渣胡同，则帅府园之箭厂，为王府之卫队操场也，在清季为神机营。金鱼胡同南面是东安市场现址，北面为那桐所占有。煤渣、冰渣胡同为贵胄学堂及贤良寺所占用。据传说，都是豫王府内隙地分划之范围也。

王府井大街南端起于东长安街，正对台基厂，值使馆冲途。其街之西头为法商亨达利洋行，盖有西式洋楼；街之东头为教民建一所洋楼，为长安馆饭店，是旅客买醉宣淫之所。循此以北，则皆为号称洋商估客，比屋设肆，皆就王府群房开辟门窗以居，或更于墙边摆棚摊，盖三间廊房，遂成为买卖古董及交易洋货之不规则店铺；逐渐北趋，蔓延到丁字街、灯市口一带，绵连不断，遂成闹市矣。惟正街西面为大甜水井伦贝子府范围，邻街为伦府马厩，有二三平屋可供居民赁借者。如英国《泰晤士报》记者莫利孙，在庚子以前即卜居此处。其宅中有莫利孙文库，收集中外文物，最为著名。又其右邻为曾敬贻（广铨）宅。曾与莫利孙为同好，结邻而居，皆是租借伦贝子府之隙地建为民居者。曾为李文忠（鸿章）幕僚，庚子议和之英文译员，曾任京师大学译学馆监督，旋充朝鲜公使出京，其旧居遂让余居住。余时任京师巡警厅厅丞，住宅前有守护警兵一队，露立无息，乃改栅栏门三间，为接待宾客及警兵住宿之所。其门为照西式券门，突出围墙以外，不免改观，遂与莫利孙文库成为一例洋式门面了。余在王府井寄居不过二年。我离职出京以后，不知何人投资将此屋改建为一五一公司，专销福建食品，为市人所乐趋之所（即今王府井国营百货大楼之基地也）。自一九五〇年以来，王府井街东西两面皆建有大厦、店铺，国货名产目迷五色，无所不有。凡来游观光之旅客，散步之居民，游屐联翩，肩摩毂击。市政府方拟扩展街道，改良市容，几经计划，尚不知如何布置，且不必说。而鄙人最痛心之一问题，是曾提议重建东安市场。不嫌越俎，再进一说，提醒群众。何以？鄙人之爱护都市建设，认为东安市场发展之情况，于今设施之艰难，故必先说出在从前创建时期草率，厥后经营之失当，畸形发展，积重难返。如割痛疽，必待名医国手施一次大手术不可。而我初任巡警，继督市政，盲目设措，因循贻误，有不能辞其咎，故敢以痛心为言也。

　　缘光绪二十八年，在肃王领导内城工巡局时，改良交通，修东安门至王府井一带马路，首先铲平御道，安插沿街鱼摊菜市。此等摊贩自明代向提督衙门租得方丈数尺地亩，搭棚营业，父子相传，师徒相继，每月对于地面，向官厅缴纳租费。遇有皇上"出跸"时，传统办法，一律停市。撤出棚障，挪移鱼桶，暂避一时，"大差"一过，仍然蜂拥复来，即小有损失，亦所自愿。忽闻新政，御道需铲平，另行扩宽，棚摊全行解散。那时不仅摊贩反抗，而两街饭馆及一应贵戚官庙亦以鲜鱼蔬菜朝夕供应不便，群起恐慌，哄动言官、内监，浸润上闻。遂有中旨：妥议安排，无任小民失业。肃邸施政严厉，已行动工，不能中止。而步军统领那桐家住金鱼胡同，于地理民情较为明白，因建议以帅府园神机营操场划出若干亩，收容此项拆除摊贩，依次安排。于是舆论翕然，修马路工程亦如期进展。而那时操场划地，只靠东墙一面安插棚摊，而外都是露天支棚，并无房屋可蔽风雨。其以西空地尤广，遂有拳击、艺人及耍狗熊、弄猢狲、唱大鼓、变戏法、看相、算命种种东西。庙会非三五期不能演出者，都在此场租地为长川游艺所在，士女杂沓，咸认为本市娱乐不可缺少之东安市场了。到了内城巡警厅接管以后，在该场立有专员管理，岁收租赁，进益日增，渐有建平房，搭雨板，比屋而居，俨然成为铺底永业之势。租地盖屋之争点，亦渐成为警厅建设之不当者。遂有招商投资，仿照巴黎市钢架天棚，以防火政者之议。余时有督办市政之责，只在东单牌楼建一菜市，将鲜血、肉腥等等移走一部分。而东安市场永久规划竟未能进一步改良者。在民国五年，余遂解职而去。迨至民国十九年（一九三〇年），余重游北京，创立中国营造学社，集合了建筑学家及专业匠师从事调查研究工作；又曾奉国民党政府聘，任文物整理委员会专员。我建议建京师都市工程，有改建东安市场提案，但积重难返，未获实施。此时东安市场内外已盖了许多楼房，最大者，东安剧场、会贤球房。饮食店，如东来顺、五芳斋、稻香春最为著名。至于东北墙外，则三层四层高的洋楼，环集如堵。市场门户，则由此等铺户廊檐下穿过，而始得出入。其繁荣发展情况，有不胜惶惧，一遇火灾，真有不堪设想者。我之建议，拟请政府筹款，先将南面空场（即帅府园，为操场南面）酌划若干亩，仿照巴黎新巴市建筑钢架天棚，下面立柱，空间分呈若干铺户，以容摊贩；其穿行道路也在天棚之下，以便游人行走；各铺自具陈货玻窗，以便顾客采购。此为甲种安插式。再有食物摊、文化摊及不须分间者，另以类聚，立木架玻柜陈设。此乙种安插式也。至于西餐馆、羊肉馆、影剧场、球场，则另择通道，适宜重建，务须避免游人出入困难，不要与安置摊贩之天棚别为一区。虽与游人聚集相通，以遇有灾变不致阻塞为原则。在改建之初，先盖钢架天棚，移出摊户，腾出旧址。

开辟四达人行道路，既可通往剧场，也可直出大街，免受拥塞困难。此项建议，本具有草图，于今竟已遗失，且于现场情已不需要了。

全文大约二千五百字，在老祖的文稿中算是一篇长文了，此文是新中国成立后他对改建东安市场的设想和建议，具体写作年份不详，似应在 1960 年前后。此文虽改用白话文写作，但文体之改变却也并未影响老祖一贯的简明扼要的务实文风：王府井之历史渊源、地理位置之优劣等，特别是民众的物质生活乃至文化心理等，无一不述评精当，言之成理。其回顾清末民国初年的设计理想及抗战前后的波折，最后将初衷的能否实现，寄托于 1949 年之后的新中国时期。半个世纪之后的读者如我辈，依然深受感动。

老祖对北京城市建设的贡献，还表现在他的另外一些文章中。我觉得包括上述四篇在内的老祖涉及北京建设的文章，都值得后人学习、借鉴，因此，我粗做了一个编目，供大家参阅。

朱启钤北京城市建设文论编目

1.《开放京畿名胜酌订章程呈》，作于 1914 年，收录于《蠖园文存》。

2.《京师环城铁路请由京张路局承修接通京奉东便门车站呈》，作于 1914 年，收录于《蠖园文存》。

3.《修改京师前三门城垣工程呈》，作于 1914 年，先后收录于《蠖园文存》《蠖公纪事》《营造论——暨朱启钤纪念文选》。

4.《中央公园记》，作于 1925 年，收录于《蠖园文存》《蠖公纪事》《营造论——暨朱启钤纪念文选》。

5.《估修京师孔庙工程呈》，作于 1914 年，收录于《蠖园文存》。

6.《筹设传染病医院呈》，作于 1915 年，收录于《蠖园文存》。

7.《筹修京师正阳门城垣办法》，作于 1915 年，收录于《蠖园文存》。

8.《验收正阳门工程呈》，作于 1916 年，收录于《蠖园文存》。

9.《疏浚京师前三门护城河工程计划并测量水平改良沟渠暨厘定管理河道办法呈》，作于 1915 年，收录于《蠖园文存》。

10.《题白君市政考》，作于 1930 年，收录于《蠖园文存》。

11.《重修贵州会馆记》，作于 1921 年，收录于《蠖园文存》。

12.《京师传染病医院开院训词》，作于 1915 年，收录于《蠖园文存》。

13.《二十一年度上半期工作报告》，作于 1932 年，收录于《营造论——暨朱启钤纪念文选》。

14.《样式雷考》，约作于 1933 年，收录于《营造论——暨朱启钤纪念文选》。

15.《一息斋记》，作于 1938 年，收录于《蠖公纪事》《营造论——暨朱启钤纪念文选》。

16.《关于购存宫苑陵墓模型图样的建设》，约作于 20 世纪 30 年代，收录于《营造论——暨朱启钤纪念文选》。

17.《王府井大街之今昔》，约作于 20 世纪 50 年代，收录于《蠖公纪事》《营造论——暨朱启钤纪念文选》。

18.《致单士元函》，作于 1958 年，全文未曾完整发表，由单士元先生之女单嘉筠私人保存。

记得早在 1936 年，刘仙洲先生就曾说过：朱启钤先生在学术方面的贡献要比在政治上的贡献大得多。有相当多的人会认为朱启钤先生最突出的学术贡献是发现《营造法式》并创办中国营造学社，但我觉得他对北京城市建设方面的实践与学理探究也是非常突出的贡献，也值得后人重视。

第三章

对朱启钤先生的印象

太爷爷朱启钤先生在 1964 年过世，当时我年纪也不小了，对很多事情颇有记忆。我对太爷爷最大的印象是他为人低调，从不给自己"摆功"。且对待家中后辈家教极严，大人说话小孩都不许在场。记得那时的全国政协副主席徐冰、中共中央统战部部长李维汉都拜访过他，周恩来总理也多次到访。尽管太爷爷曾娶三位夫人，但都是在上任夫人过世后再娶，坚决不纳妾。第一位夫人是太奶奶陈光玑，在生下我爷爷、我大姑奶奶后，23 岁就过世了，临终前太奶奶对太爷爷说："你还这么年轻，肯定要再娶，我只希望两个孩子能过得好，我有个亲戚，与我情同姐妹，我把她介绍给你吧。"于是就将太姨奶奶于宝珊介绍给太爷爷。太姨奶奶于宝珊跟太爷爷结婚以后，54 岁过世。此后，儿女们考虑到太爷爷身边需要人照顾，便由人介绍将太姨奶奶许曼颐迎进朱家照顾太爷爷，太姨奶奶许曼颐死于 1967 年，当时正值"文化大革命"时期，只能住在院外面的破房子里。因太姨奶奶许曼颐没工作，当时周总理特批，一个月给她 80 块钱生活费，这才解决了一家人的温饱。

老祖的生活点滴

1. 老祖趣事——戴着眼镜找眼镜

老祖这个人很严肃，终日看书报。他早起吃完早点，便忙于阅读，偶尔也执笔写些东西。家里订有《考古》《文物》二杂志，还有大本的彩色画报《人民画报》，报刊《人民日报》《北京日报》《北京晚报》《参考消息》，政协寄来的相关文件，以及中央文史研究馆出的《文史资料选刊》，老祖有时也看线装古籍。老祖年事已高，戴着老花镜，还要借助于放大镜，看得相当仔细，但很少发表评论。

有一天我放学回家，一看家里乱了，老祖正怒气冲冲说家里人嫌他老，欺负他，其他人都在找东西，有的趴在地上用手电照桌下，有的去卫生间、卧房翻找。张宝义（用人）拉住我说："政协来了文件，字太小，老太爷老花镜我找不着了，你年轻眼力好，快帮着找找，我们找了半天就是没找着，中午老祖还戴着的。"我放下书包，也参加了找老花镜这一工作。我突然想，老祖会不会把老花镜放在衣袋里，就过去问，因老祖失聪必须贴近大声问，我一贴近发觉老祖老花镜没摘下来，忙说："您是不是忘了摘老花镜，不是戴着的吗？"老祖用手一摸，笑了，说："老了，没用了，怪罪大家了。"姨奶赏钱，于是我得了两元钱，大家也高兴了。

2. 老祖的节俭——手帕与纸巾

老祖这个人相对来说很节俭，很少见老祖添置衣物。他因是政协委员，做过两套中山装，一套是黑的，一套是浅棕色的，也有两件相应颜色的大衣，只是开会时穿，平时各季的长袍，夏天的丝绸衣裤，这些也基本是新中国成立前做的。老祖不穿皮鞋，冬天棉鞋，春秋单鞋，夏天拖鞋，因年事已高他很少出门，尤其是摔伤后就更不出去了。

在他前边的大理石面的桌子上放着毛笔、砚台、纸，旁边的小茶几上放着茶杯，一旁放着他常用的称为"纸"的布巾。他因鼻腔有疾，常用此擦抹鼻子。这"纸"实际上是 20 世纪 50 年代初砂糖的包装袋，上面印着一只和平鸽，下面印着"抗美援朝，保家卫国"，另一面印着"精制砂糖""北京市土产公司监制"。买的多了，把袋拆开，便成了老祖的手帕，脏了洗干净再用，相当于手绢。老祖这样的身份，如此节俭，很令周总理感慨。

还有一件事也令周总理感动。老祖因耳膜破损，造成了终身失聪，得临他很近说话，他才能听见。他与人交流多用笔谈，而笔谈用的纸引起了周总理极大兴趣。老祖本人抽烟，一天要四包之多，他抽的烟

老北京的胡同旧影

基本上是好烟，如中华、牡丹、锦鸡、凤凰（当年没有香味）。这些烟的包装纸品质好，家里把烟盒拆了，用夹子夹好，放在一边，用来写字。当年八条西口有一家百货店，便笺纸五分钱很厚一本，但家里从不购买，老祖一直把此纸当作笔谈之用，周总理看后也相当感慨。

3. 老祖的助听器

因老祖失聪，50年代九姑奶奶（朱洪筠）在香港就给老祖买了一台助听器，大小和香烟盒相仿，这是助听器的第一代产品，使用时需自己调整。开会时调好了，能听清了，老祖很高兴，但近处的人一有声，立时吓一跳，调的旋钮又小，他眼又花记不住，一生气便扔在桌上了。会后政协工作人员根据座位号又给送了回来，这东西属半导体，在香港也很贵。老祖平时看书写东西累了，家里有一台美军的收音机（只有中波），我找到京剧或相声，他听了很高兴。姨奶给他的助听器调声音不是大了就是小了，他不让她弄，这活就成了我的专职。他又听完摘下来就放到桌上，我还得仔细看着马上把开关关上，这东西使用的电池当时内地没有，必须得从香港买。

4. 老祖的吃

八条的厨师叫徐清，厨艺非常高超，老祖从不去外边吃饭（国庆、五一招待会除外）。老祖吃得非常精，豌豆他吃非常嫩的，饭桌上常有一盘熏干肉末炒豆豉，每年清明节左右都要吃清蒸鲥鱼。在以前这不难，但在1960年这可是难事。外面粮食、菜、肉、蛋、鱼都没有，哪儿有鲥鱼。老祖平时除开会根本不上街，上街也是专车接送，他每天就是看报。当时的报纸报道的都是亩产千斤，猪都是五百多斤……这可难为了徐师傅，只要没有，老祖就发脾气。一次章文晋的夫人张颖来，老祖又发火了，说大家骗他买不到鲥鱼。张颖是周恩来办公室的，将这事反映给周总理，周总理令人每年春天送来鲥鱼，这才解决，但大家没敢将实情告诉老祖。

老祖一生不爱张扬，他的好友如天津的张叔诚、上海的周书廉、北京的叶恭绰等来访时，都留人在家吃饭。周恩来在60年代都来家吃过饭，可想徐师傅的厨艺有多高了。章士钊先生住后院，老祖有好菜都请章士钊过来吃。

5. 八条的上供

每年老祖生日和春节、五月初五、八月十五、冬至、老祖父母的生日、忌日都要上供，这几个日子是大供，做丰盛的菜，依次叩头，三跪九叩行大礼。那天男士都换上长袍，女士穿旗袍，上完供大家一起吃饭，这就是老祖的答双亲。60年代初老祖发话："章文晋，你是共产党员，共产党员是不讲究这个的，但对长辈还是必须得尊重的，你和张颖就不要磕头了，但要鞠躬。"老祖岁数大了，但仍要人扶着给他父母牌位磕头。

老祖对生日很重视，年年要办，有些人是必到的，每到此时，八条热闹非凡，我们也是高兴万分，因为能吃到很好吃的东西。

6. 老祖之钟情花卉

老祖对于摆弄花草格外痴迷。他养的众多花草中，昙花最为出名。他去世后，家中十几盆昙花都捐给了中山公园。我们家种昙花的时候，把门打开，街坊邻居谁愿意来看就进来观赏。那时好多摄影师支着三脚架等待花开，特别希望进到院子里。老祖有一个习惯，晚上十点一定睡觉，早晨六点就起来，生活非常规律。但昙花开放那天，他会坐在屋中，开着房门，撩开帘子，静待花开。昙花盛开的过程非常慢，但绽放后特别漂亮，白中微蓝，衬着月光，格外雅致。此外，他还种过一棵铁树，就迎着大门，供人欣赏，铁树60年一开花，的确很难得。老祖对于花草的钟情推广到北京城市建设中，使京城街道有了"街树"，极大改善了群众的生活环境。

老祖的朋友们

老祖的很多朋友是重量级的，如章士钊先生、陈叔通先生、梁思成先生、林徽因女士、叶恭绰先生、王世襄先生、罗哲文先生等，但他们谈话我们是不能听的，家里有严规，小孩儿不能听大人讲话。周恩来总理就曾两次来过我家，并在我家吃过饭，这在国家也是大事：周总理去这样一个前北洋政府官员家就餐，不敢说是唯一，也少见报道。隔日港报刊登大幅照片，在60年代海峡两岸关系紧张的时刻，此消息引起震动，在港的许多人士对我党我国的统战政策有了一定的了解。

1. 老祖与章士钊

老祖三岁丧父，母亲带他回了湖南长沙老家，他从小就和章士钊是好朋友，一起玩大，一起交换进步书籍看，后又同朝为臣，但在对袁世凯的看法上意见不一。章士钊是参加1949年北平和平谈判的代表，谈判破裂后，章留居北平。章在北京没住房，老祖就将八条的后院借给了他，两人好了一辈子，但老祖对章也有不满意之处。老祖平生一反对纳妾，而章有三房，二反对人抽大烟，章又有这毛病，但因不是自己家里人，他不好干涉，只是自己不被社会的恶习污染而已，朋友还是朋友。老祖也反对大吃大喝。他极少饮酒，只是偶尔喝一小杯黄酒而已。

2. 老祖与鸿儒大家们的交往

因为老祖见识广博，曾投身政界多年，管理过多个政府重要部门，因此和行业中的著名专家、文人墨客、政界领导常有往来，造访者颇多：如我国著名的园林大师陈从周先生，他的设计作品如今成为美国纽约大都会博物馆中重要的东方一景，印象中他多次从上海来京到家中拜访老祖；北京市建筑设计研究院原总建筑师张开济大师，因为与老祖都有打桥牌的共同爱好，时常到家中一同打牌，家中后来还牵头组建了驻华大使桥牌队；京剧大家马连良先生也与老祖相识，而且与叔祖父朱海北拜了把兄弟，关系十分要好，记得我小时还曾去找马先生学过几天唱戏，但后因学业就没有坚持下来。

需要着重讲述的是文博大家王世襄先生与老祖的交往，两家的交往还延续到了我们这一代。我本人与王先生的儿子王敦煌是北京二十四中的同学，之后一同"上山下乡"，又同在宁夏建设兵团劳动，且住在同宿舍。印象中王世襄先生穿着十分朴素，裤子总是短一截，显得很利落，而且他的厨艺极佳，到我家来时时常要亲自下厨房露两

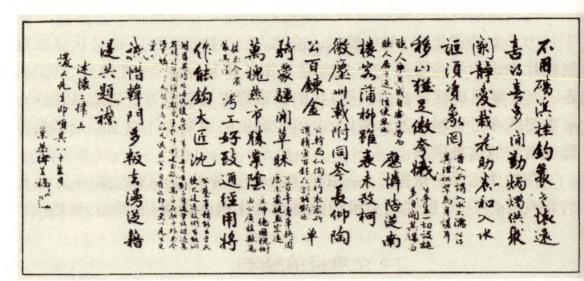

1951 年叶恭绰贺寿诗

中华人民共和国成立初期的朱启钤与家人

手让老祖品尝，有时还自己带食材来，骑着一辆已经很有年头的自行车，菜就放在车筐里。老祖十分爱吃王世襄先生做的菜，很简单的家常菜炒出的味道却别具一格，哪怕是清炒雪里蕻这样的简单菜式也能让人回味不已，所以王世襄先生"吃主儿"的名号的确名不虚传。王世襄的夫人、张开济的夫人与我母亲也都是同学。老祖在外被称收藏家，其实他收藏是为研究、著书和与专业人士探讨。晚年他将他终生收集的有关漆具及各代书籍全部交给了王世襄先生，并曰："启钤老矣，无力研究漆具之精。"80年代，王先生出书，带到八条三本，恭恭敬敬放在老祖像前，给老祖磕了三个头，以示不忘师恩。王世襄先生是世界级大家，能做到如此，令朱家人备受感动，同时对王先生深表敬重。

此外，文艺界的名人也与老祖多有往来，记得北京人艺的导演、演员还多次到家中拜访，那时他们在排演曹禺大师的戏剧《雷雨》，需体验生活，就向老祖请教民国时期大户人家的生活习惯、形象做派，如何表演得准确，印象最深的是剧中身为煤矿主的老爷，演员一句"来人呐"这三个字的念白语气，就是从老祖那里学到的。我印象中北京人艺的几位名演员都来造访过。

即便与各界这么多名人相熟，老祖也从未利用所谓的"人脉"关系为家中谋求半点私利，这对我父亲也影响极深，从不给别人添麻烦，即便家中有困难也是想方设法自己克服，更未想过为后代谋私利。这便渐渐成为朱家的一贯家风，所以，到如今老太爷身后的近60年，人们还在回望并发自内心地纪念他。

2021年清明节，我计划去贵州，主要是为老祖了却一桩心愿，因他从未去过贵州，当时十姑爷爷卢致德曾出行西南，老祖曾叮嘱他拍一些贵州风土人情的照片，也为缓解思乡之苦，现在这些照片还留存了一部分。记得周总理来家里拜访时，听闻老祖想去贵州，当时因交通不便不好成行，周总理便说："我们正在修铁路，将来通车后，我派趟专车送您去贵州，让您去看看老家。"所以，这次计划中的贵州之行，我会去老祖的老家探望，这也许是一次"乡愁"回望吧。在那里可拜拜祖坟，就当替老祖、我的爷爷、我的父亲完成心愿吧。

刘宗汉先生作为老祖的秘书，跟随老祖多年，同老祖共同经历了很多大事件，也掌握了不少珍贵资料。刘先生的弟弟刘宗善和我是小学同学，两家交往也较密切。关于老祖的很多事情，他的秘书刘宗汉先生的讲述会更详尽。刘宗汉先生是专家级的人才，对中国文化的研究颇有建树，尤是写得一手好毛笔字，令人喜爱，而且他是享受国务院特殊津贴的专家，一点架子都没有。

3. 老祖与名医故交轶事

因 20 世纪初北京爆发的那场瘟疫，老祖与当时京城四大名医[1]之一孔伯华（1885—1955）交好。我很小的时候曾见过孔大夫，那时他的身体已大不如前，每次登门会给老祖带些好吃的。老祖过世后，他的儿子孔嗣伯与我家也多有来往。孔嗣伯是孔先生最小的儿子，也最为得宠，从小便随父行医，言传身教中也继承父亲衣钵成为一名出色的医生。记得有段时间老祖身体虚弱，用餐应清淡为主，可老祖喜欢吃荤菜，不听劝说，孔嗣伯十分聪明周到，说"该吃就吃吧，我给您开个方子就没问题"，这才让大伙儿放下心来。

老祖晚年因身体不佳，时常需寻医问诊，有几位大夫是家中常客，与老祖交情很深。老祖不从医，但对医相当了解，研读了《黄帝内经》《本草纲目》；孔伯华、孔嗣伯父子，朱广香先生，郑和轩大夫等，都与老祖关系甚笃。我感到，老祖与他们的交往不仅仅是医病调理，更是与这些老世交沟通，共同探讨社会发展与北京变迁。

老祖的为人之道

老祖在家里也尊重工作人员，我们住的东四八条 111 号院后院北屋西屋均借给了章士钊，东屋也带有卫生设施，住的是九姑奶奶大女儿的奶妈（人称石妈）。1948 年，国民党逃台时她们没走，后来就在这儿养老了。每顿饭都给做好送去，春节发红包，老祖都特别叮嘱："石妈那儿送去了吗？"后来他还说："石妈岁数大了，不要来致谢了。"石妈走时都是从八条发送的。

八条过年时，家里用着三个人，张宝义和厨师徐师傅两口子，徐嫂管洗衣，张宝义负责贴身伺候。吃年夜饭时，老祖都派我二叔去给辛苦了一年的工人们发红包并敬酒。

朱家人与用人们吃同样的饭，只不过有时候不同桌。记得那时吃

---

[1] 其他三位名医：萧龙友、施今墨、汪逢春。

饭的时候后面站着人，你刚吃完饭，后面接过去又给你盛上，后来老祖立下规矩，让我们自己去盛饭，而且要求吃多少盛多少，绝不允许浪费一粒粮食，否则就要被罚站。这种好传统使我们全家养成了吃饭一粒米也不会剩的好习惯。

有一件事给全家印象极深，新中国成立前他见到院内很多人进进出出，招来一孙问院内何事，孙曰"劳力"（实是送煤的），顿时老祖大怒，摔了茶杯，怒骂"混蛋，跪下"，工人走时令其去敬茶，送赏钱。

我住那儿时，老祖特别叮嘱，徐嫂等是照顾他的，我的好多小事自己做，如袜子、手绢、口罩要自己洗，做完功课要帮着张宝义扫扫院子。

在我自小和老祖的相处中，以及成年后对老祖事迹了解的逐渐深入，我越发感到老祖自有难言的苦闷。作为一名政治家、实业家，他乃人中翘楚，成就斐然；原本应在政界商界左右逢源，但也正因他为人低调、谨慎，深知分寸，所以对很多事情"闭口不言"，哪怕是受到不公的待遇也从不抱怨。尤其是与政治相关的大事，他一概不做评论。

正是自小受老祖以身作则的家风的影响，他的后代中不乏才识渊博、清风傲骨之士：身居高位，本可享受锦衣玉食，太平安然度日，而当国家有难、国人受困之时却毅然投身爱国事业，不惜变卖家产也要帮助他人渡过难关。这样的大义气节不正是现在倡导的"家国情怀"吗？

老祖最后的日子

老祖历经几朝为官，后来投身实业救国。他对于政治有很高的敏感度，对于中国共产党，老祖是十分认同的。

50年代中央要在北戴河建疗养区，征了朱家两栋别墅，朱家的坟址正好在那里，老的坟地里埋着太姨奶奶于宝珊及他七女儿，他听说后血压顿时升高，万分着急，走路绊到了门槛上，摔断了胯骨。大家本以为八十余岁肯定落炕了，不承想经过精心治疗，竟然痊愈了。

经主席、总理批准，坟地这块被保留了。

从 60 年代初开始，老祖的身体便不如从前。因看到老祖身体不好，还是周总理的指示，当时还在香港的宋子文的机要秘书五姑爷爷朱光沐来北京看望老祖。1964 年初，老祖住在北京医院治疗，后期临近过年他要求回家。周总理得知后表示："朱桂老不要回家过年，你在医院，我派人把你所需要的东西都弄好了，让你感觉跟家里一样，你的亲戚都可以来这过年。"但老祖还是执意回家。同年 2 月 14 日，老祖因心肺疾病在家中去世，享年 93 岁。

老祖去世后，给后代家人只留下 800 元的存款，这与他的身份地位太不相符了。老祖在任职中央文史研究馆馆员时工资有 300 元左右，在当时已算"高薪"，全国政协委员还有 240 元的补贴，中兴煤矿还有薪资发放，按理说家境应很宽裕，理应有些积蓄。但老祖乐善好施，资助亲友，帮扶贫困，更为家乡贵州等贫困地区多次捐赠，因此至他去世时，家中已没有什么值钱的物件，"丰厚家产"更无从谈起，这足见他的勤勉与俭朴美德。

1961 年 12 月 7 日，朱桂老九十大寿时合影，后排左起：王世襄、梁思成、张允冲、朱文榘

1961年12月7日，朱桂老大寿与众人合影，左起：王世襄、茅以升、周书廉、张叔诚、刘宗汉、梁思成、蒋君奇、马昭淑、马崇恩、章茂莹、黎明辉

1961年12月7日，朱启钤九十华诞与章士钊等合影

关于东四八条故居

我家原住赵堂子胡同 3 号，这是老祖于 1925 年请故宫的老工匠亲自监工，按《营造法式》之规范建造的一座精美的小院，后出于种种原因被迫搬出该院（该院具体情况后面有叙述）。从上海回京后，便住进了东四八条 54 号（今 111 号）。感到可惜的是，无论是赵堂子胡同 3 号，还是东四八条 111 号，其特殊价值并未被社会与文化遗产界充分认知。

东四八条 111 号原是日伪时期北京市副市长（姓名不详）的家第，后被吴幼权买下送给了我的五姑奶奶朱湄筠。东四八条 111 号全院共计 1400 多平方米，40 个房间，改建于 1911 年后，改建中按现代人的习惯配备了生活设施。目前这里是东城区文保单位的普查登记项目，院子原有的房屋有些被占为他用，或者在院内盖了其他房子，如接待办、居委会、安全检察室等。想当年，这里的院落十分宽敞，老祖的汽车能直接从门口开进来。因目前是我们自筹资金维修院落房屋，为了保持宅院的原貌，还要做到修旧如旧，用料、手法都十分讲究。为了传承、为了筹集维修经费、为了老祖的建筑文化精神，有时也会向影视公司出借院子用于影视剧的拍摄，我们索要的费用都不多，就是用于每年院落房屋的维修，也算是为国家守住一份珍贵的文化遗产。

朱家亲属众多，大部分因政治原因于 20 世纪 40 年代末赴外居住，其余亲属基本上居天津为多，但凡去看老祖，大家都简称"去八条"。

我于 1952 年随父亲去看老祖，那也是我第一次去看老祖。54 号院不临街，但小巷口有一木制牌楼，进去爸爸按了门铃，紫红色木制街门上有一小窗，20 厘米大小，小窗打开，露出一中年人健康红润的脸，惊喜地叫了声"大少爷来了"，随即开了大门，开门见我，非常惊奇。我爸随即说："这是老三。"并命我叫他张爷。张爷说："这小少爷长得真俊。"我父亲当即说："张宝义同志，解放了，可不兴叫他小少爷了。"我当时最感兴趣的是一条黑白相间的大狗，那大狗围着我嗅来嗅去，我第一次这么近距离地见到狗，十分害怕。张爷一声

东四八条 111 号入口

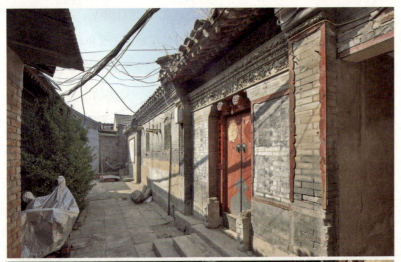

东四八条 111 号四合院组图之一、二

东四八条 111 号四合院组图之三、四

东四八条 111 号四合院组图之五、六

"鲍比靠边"。它还真听话，躲到旁边，但还想闻我，毕竟是生人。

穿过西跨院到了东跨院，见一大理石面圆桌旁坐着一老者，穿着蓝色长棉袍，爸爸恭恭敬敬就近叫了声"爷爷"，指着我说，这是老三"小琦"，然后说"快叫老祖，给老祖磕头"，我也就近（老祖失聪）叫了声"老祖"，并三跪九叩行礼。当时老祖说"长这么大了"，并喊了一声"姨奶拿钱"，从里屋出来一个50多岁衣着整齐漂亮的妇人，爸爸也叫了一声"姨奶"（老祖续弦的三夫人许夫人），并让我叫她"太姨奶奶"。

中午是在八条吃的饭，有四五个菜，还有粥和汤。太姨奶很喜欢我，一个劲地给我夹菜。饭菜尽管很好吃，我真正上心的还是蹲在我旁边的那只叫鲍比的大洋狗。八条规矩多，吃饭时有一个叫徐嫂的在边上忙活，添饭盛汤均不用自己动手。

吃完饭我就去玩儿了，所谓玩也就是和鲍比折腾，据说这是姑爷退公时留下的军犬。它很乖，站起来比我高很多，什么都会。到了下午三点左右，是八条的下午茶时间，这时满院飘来很浓很香的咖啡味，那时国内副食店虽有散装磨好的咖啡，但老祖喝的咖啡全是姑奶奶从香港寄来的上好的进口货，八条的下午茶不管谁来均有份，每人一杯咖啡，外加一块奶油点心。尽管午饭很丰盛，但我最盼着的是下午的点心。

在八条我的名字仍是小琦，但父亲的称谓仍是大少爷，我母亲也就是大少奶。

那时，已经高龄的老祖还在坚持给国家做统战工作，他的几个女婿虽都十分了得，但在这位岳父大人面前都毕恭毕敬。老祖共计有十个女儿，七姑奶朱浦筠、八姑奶朱沚筠早夭，其余八位姑奶奶都是京津交际场上的名人，且为统战工作做出不凡贡献。

这座房子的后院曾借给了老祖特别要好的"发小"章士钊。朱、章二人政见不同，爱好也不同。因国共南北谈判破裂，章士钊无法回到南京，只能住在酒店，身无分文的他于是求助老祖，老祖说："我五女儿有房子，你住八条去吧。"于是章士钊先于老祖住在了东四八条111号。

迁居东四八条时期的朱启钤　　　　　　　　　1962 年朱启钤自题

　　1952 年老祖也搬来，于是二人前院后院住在一处，章士钊经常去前院看望老祖。1961 年左右章士钊才搬去史家胡同。"文化大革命"期间，张学铭的夫人、六姑奶奶朱洛筠一家为躲避运动，从天津返回北京，搬入后院。

　　房内目前的布置基本按那时摆放，但家具等因为经历了孙连仲驻军、"文化大革命"等遗失了。朱家曾经也是家藏了一些"好物件"的，印象最深的是老祖有好几个四四方方的木盒，上面两个提手，每个抽屉外都有绿字，一拉开四层小抽屉，每层都有金光闪闪的一幅画，但这些东西都在"文化大革命"期间被人拿走了。

　　老祖就是在我现在住的这院去世的。出于历史原因，六姑奶奶居住的院子目前由别人看管，两院之间也基本互不往来。因产权不明晰，目前这里也有私搭乱建的违章建筑，我们作为朱家的后人虽希望朱家祖业得以完整传承，但情况复杂，有些事也无法立即解决，只能向上级主管部门反映。

关于赵堂子胡同 3 号故居[1]

老祖在早年曾四处租房，后来准备买一处宅子。原北洋政府财政次长贺德麟在赵堂子胡同 2 号有一处房产，老祖准备买下来。1929 年他就开始洽购备料，联络原内务府营造司散落在各处的工匠。1931 年，老祖和五姑爷爷朱光沐合资 4 万元用"均和堂"名义置下赵堂子胡同 2 号，然后按照《营造法式》重建，共用去 5 万元。1932 年入住。

赵堂子胡同的朱启钤故居中曾有十分精美的石刻，是南北朝时期的文物，虽有些残破但仍是珍品。可惜让马汉三[2]撬走了，我相信它不会被带到台湾去，肯定还在大陆，我希望有朝一日找到能捐给国家。

赵堂子胡同属东城区建国门地区，胡同西起朝阳门南小街，东止宝盖胡同，长 250 余米。清代即称"赵堂子胡同"。胡同呈东西走向，东端稍有曲折，且与另外 4 条胡同相通，形成一个胡同枢纽。往东是"后赵家楼胡同"，往北是"宝盖胡同"，往南是"宝珠子胡同"，往西南是"阳照胡同"。五条胡同相交实属罕见，当地居民美其名曰"五路通祥"。

老祖的故居赵堂子胡同 3 号位于东城区，门牌原来是赵堂子胡同 2 号，是一座占地 3800 多平方米的四进四合院。西侧 3 号院住王克敏，东侧是 1 号院。这里在胡同稍有曲折处北侧，坐北朝南，恰处"五路通祥"之地。

当时买这块地的时候，有人告诉老祖风水不好，因为在十字路口上，懂风水的人认为这个地方往四方散财，不聚财。祖父一生不信神鬼，很喜欢这里，尽管别人告诉他风水不好，他仍然买下并且造房。

---

[1] 这部分的口述录音及文字整理工作，主要由朱静莎女士（朱启钤之五世孙女）完成。

[2] 马汉三（1906—1948），时任国防部保密局北平站站长兼北平市民政局局长。

1937 年 4 月赵堂子胡同朱启钤故居前廊旧影

　　此宅院布局独具特色。它以一条贯穿南北的走廊为中轴线，将整个宅院分成东西两部分，每部分各是一个自南向北布置的四进院落，这两部分共八个院落有机组合为一个颇具气魄的宅第。宅院的街门为"广亮大门"，街门西侧是 6 间倒座南房，街门东侧有 4 间南房系厨房，4 间南房并不是一条脊，东侧 3 间稍向南移。因此，街门东侧的南院墙向东南倾斜。

　　进入广亮大门，10 米左右，过二道门，正对着一条贯通南北的长廊。这条长廊形成的南北轴线，是整个宅院东西两部分的分界线，长廊又分支出一些回廊在东西院内环绕。

　　长廊的西侧一边是宅院西院的四进院落，走到头是正厅，每个院子都设有卫生设备。西部一进院落有 6 间倒座南房和一座两卷"垂花门"；二进、三进、四进院落各有北房 3 间、西厢房 3 间，在北房西侧建有两间耳房。前一个院落由五姑爷爷朱光沐一家及他的母亲居住，后三个院及正厅由老祖居住。

　　宅院东院的一进院落有南房 4 间、正房 3 间，在正房西侧建有两间耳房，北房与二进院落的南房为三卷勾连搭歇山顶建筑，用料讲

赵堂子胡同朱启钤故居垂花门内回廊旧影

究，工艺精细。二进院有北房、南房、东厢房各 3 间，在北房和南房西侧各建有两间耳房。三进院落有北房 5 间、东厢房 3 间。四进院落原是宅第的园林部分，如今已改建。锅炉房也在东部。

1929 年，曾祖父朱启钤成立了中国营造学社，聘请梁思成任法式组组长，刘敦桢为文献组组长。起初，学社借中山公园办公。《中山公园二十五周年纪念册》中记民国二十一年（1932）施工情况道：

> 天安门内西庑旧朝房十四间……由本园函请故宫博物院，拨借为朱会长桂莘（按，朱为公园董事会会长）设立中国营造学社社址。查该房久经废置，屋顶檐头以及墙壁地面破旧不堪，乃重加修整，并铺设地板，加护窗铁栏门，右十一间并建垂花门一座，即由中国营造学社租用。

中山公园是北京第一座公园，平时游人如织。赵堂子胡同 3 号住宅落成后，曾祖父认为自己身为公园董事会会长，学社继续占用中山公园办公不合适。又因为他许多女儿已经出嫁，赵堂子胡同 3 号这个

赵堂子胡同朱启钤故居前廊及垂花门旧影

赵堂子胡同朱启钤故居前院一角、前院回廊近景、前院正房局部旧影

赵堂子胡同朱启钤故居后罩房之全景、近景旧影

赵堂子胡同朱启钤故居室内旧影之一　　　　　赵堂子胡同朱启钤故居室内旧影之二

赵堂子胡同朱启钤故居室内旧影之三

赵堂子胡同朱启钤故居室内旧影之四

赵堂子胡同朱启钤故居室内西式壁炉旧影　　　　赵堂子胡同朱启钤故居室内旧影之五

房子显得有点空旷，自己和朱光沐住不了这么多，于是腾出前边几个院子作为学社办公场所，朱光沐一家移到后院。1934 年营造学社迁入办公直至 1937 年北平沦陷，学社南迁。

我父亲朱文极从美国回来后曾经在营造学社工作一年，日本人来了以后，营造学社停办，西迁至四川。我父亲便去唐山开滦煤矿工作。

北平沦陷后，在日本侵略者操纵下，1937 年底以王克敏为首的伪华北临时政府成立。但日本人认为王克敏资望不够，压不住阵脚，欲请老祖这样北洋时期的首脑人物出来捧场。想任命他做北平市维持总会会长，因而施展了种种手段，老祖认为"谁做这个官司，谁就是汉奸"，推脱有病在身，闭门谢客，坚持不就伪职。为了掩饰，老祖甚至为此写了遗嘱登报。于是日伪先是派特务监视他的住宅，继之又以赵堂子胡同是警备地区，一般人不宜居住为由（因王克敏住在隔壁），强行用低价征购了赵堂子胡同 3 号的住宅。老祖本想把这座宅院以 13 万大洋卖给孙传芳之妻，日伪不准，逼他以 10 万元（日据时期的伪币）把房子（包括全部家具在内）卖给了日本人作为特务机关。日本人对他说，文字资料、书籍都不许拿，只能拿换洗的衣服，老祖就只打包了几件衣服和一点现金、布匹离开了老宅。老祖被迫搬到东裱褙胡同还有外交部街的协和宿舍（当时我十姑爷爷卢致德是协和教授）等处居住。直到抗日战争胜利，老祖一直称病在家，始终未与日伪同流合污。

日本投降后，赵堂子胡同 3 号被国民党第十战区司令部接管。蒋介石视察北平时，宴请没有附逆的民国官员。老祖的座位就在蒋介石边上，蒋介石对老祖朱启钤的所作所为感到佩服，手书"坚贞不屈，不肯附逆"。然后又问朱桂老有什么要求，老祖提出是否能归还房子。当时，第十战区司令部孙连仲占据此房，蒋介石嘱咐同席的宋子文落实此事，宋子文后来为此还专门写了条子。此后国民政府发还了赵堂子胡同 3 号房产。

我二爷朱海北领回房屋时，那里已破烂不堪，老祖回去看过……屋里地板都被撬，因为国民党军队为了拉家具钉箱子。客厅内他心爱的价值连城的南北朝碑刻也没了，墙上留下一大洞……听家里人说，是马汉三把南北朝的石刻掠走的。

随后二爷朱海北对所有房屋按原样进行修缮，花了许多钱恢复所有的地板以及屋里被损坏的地方。

1947 年老祖去上海，处理中兴轮船公司及其他事务。

1949 年 1 月，北平和平解放，赵堂子胡同 3 号由解放军接管。因修缮房屋，当时二爷朱海北住在那里。接管人员告知，因看到了蒋介石责令第十战区搬走，让宋子文落实这个房子归属的指示，军队告知此房属于敌逆产，此类房产一律没收。二爷朱海北只能搬出，到本司胡同居住。

解放战争后期，形势急速变化。国共双方都在施加影响，争取老祖。蒋介石让老祖去台湾，周恩来也两次派人找到老祖，让他不要去台湾，留在大陆。此时北平已经和平解放。后来商量回北京的住处，老祖说赵堂子胡同有房子可以住。后来知道赵堂子胡同的房子不能住了，已经被军队没收了。老祖说可以住五女儿在东四八条的房子。那是个三进院，抗战胜利后戴笠曾经住过，后来军统卖给朱家，老祖将后院借给好友章士钊居住。当时东四八条由二爷朱海北的夫人徐恭如居住并看管。据后来刘宗汉介绍，北平和平解放后，老祖的外孙章文晋（天津市人民政府外事处处长）的夫人张颖来看望徐恭如，正好碰到军队来收这房子，北京市人民政府副秘书长薛子正也在场。此事反映上去。后来薛子正来此处撤走军队，同时道歉。此后，薛子正又来过一次，再次为房子的事情致歉。

1952 年章文晋陪老祖从上海先到天津，接着回北京，此时赵堂子胡同的房子已经分给了外交部。周总理知道此事后，了解到二爷朱海北花了不少钱维修，于是补偿了维修房子的部分费用，同时和老祖商谈，要收购这个房子。老祖知道刚解放，国家很困难，就把房屋捐给了外交部。此宅后改为外交部宿舍。

"文化大革命"后期，可能是 1971 年，我从宁夏回来，头一次进这个院子，里面住的都是外交部的司局级干部，干干净净。改革开放后第二次进这个院子，已经是大杂院了。那时颁布了干部住房指标，

赵堂子胡同朱启钤故居现状鸟瞰图

赵堂子胡同街景及朱启钤故居现状

赵堂子胡同朱启钤故居现状之正门近景

赵堂子胡同朱启钤故居现状之院内回廊的漏窗

住此院的干部觉得住楼房好，就搬走了，但产权还在外交部，随后搬来的是外交部的一般工作人员，如司机、厨师、保洁等人员。随着里面的住户越来越多，各户在院内私搭乱建，居住环境越来越糟，形成现在这个模样。

20 世纪 80 年代我听街坊说，过去曾祖父做寿，从我们家门口开始，赵堂子胡同两侧都停满了车，一直停到南小街。

1986 年，赵堂子胡同 3 号被公布为东城区文物保护单位。此套照片是目前唯一留世的一套原照。

十多年前，我又到过赵堂子胡同的朱启钤故居，街道的老太太质问我是哪里的，我说我是朱启钤的后人，她听后很高兴地说："您来太好了，您把这房收回去吧，这样我们就能住进楼房了。"

第四章

来自亲朋和学术界对朱启钤先生的回忆

我虽是朱启钤先生的嫡亲曾孙，但毕竟与他老人家相处的时候年纪尚小，许多事情不清楚，认识程度也有限。为此，这些年来，我一直关注比我年长的亲朋们和学术界的专家学者们对曾祖父的回忆与评述。我觉得以下亲友、学界前辈们的文章令我个人受益匪浅，值得向大家推介。

叔祖父朱海北、父亲朱文极、叔父朱文楷的回忆

我的叔祖父朱海北曾是北平城有名的与张学良齐名的翩翩公子，但实际上他绝非一般的纨绔子弟。他写过许多关于他的父亲、我的曾祖父朱启钤的回忆文章，其中《正阳门城垣改建史话》[1]，行文逻辑谨严，很能展现其深厚的学术根基，而曾祖父的重大贡献及其行文处事的机敏过人，也很自然地流露于字里行间[2]。

正阳门（俗称前门）是明清两代内城的正门。它与南面的箭楼，北面的中华门坐落于同一中轴线上，组成气势森严、宏伟的建筑群体。封建时代，它的中门专供皇帝通行，平时不得开启，官民出入须绕经瓮城东西两侧的门洞。北面空旷开阔的棋盘街，白天商贩集聚，喧闹如同庙会，夜晚则是赏月佳地。正阳门迤南，城楼东西各有小庙一座。东面是观音大士庙，原有明朝万历壬辰

---

[1] 朱启钤：《营造论——暨朱启钤纪念文选》，第218—219页。

[2] 这里，朱延琦与口述记录者共同阅读收录在《营造论——暨朱启钤纪念文选》中朱海北所撰之《正阳门城垣改建史话》。

建筑都城碑记和清朝刑部尚书、著名书法家张照撰写的碑石；西面的关帝庙，每值春节，求财祈福者摩肩接踵，香火兴旺，内立碑碣，为明代书法家董其昌的笔迹。环抱正阳门至箭楼之间的瓮城东墙外侧，鳞次栉比地开设了许多商店，名曰"荷包棚"（后改名荷包巷）。京汉、京奉两铁路于《辛丑条约》后，相继修到箭楼东西两侧，并在两处分建车站，给这一带带来了新的繁荣。但因道路湫隘，交通经常窒塞。

1914年（民国三年），先父启钤公时任内务部总长兼北京市政督办（相当于市长），有鉴于前门地区淆杂喧阗现象的亟待改善，乃向袁世凯（当时的大总统）提出《修改前三门城垣》方案。方案具体内容是："拆除正阳门瓮城东西月墙，于原交点处各开两门，旧基址改筑马路。箭楼崇巍则仍留存……"当时北洋政府财政短绌，先父对经费来源也预为擘划。工程预算所需的40余万银圆中，拟由京汉、京奉两路局各负担20万元，不足之数由北京市政公所从地方行政费用内补齐。

由于经费有着，方案得到批准。1915年（民国四年）6月16日正式兴工。先父亲临施工现场，冒雨主持了开工典礼。手持袁世凯以总统名义颁发的特制银镐，刨下了第一块城砖。银镐重30余两，在50公分长的红木手柄上嵌有银箍。錾有"内务总长朱启钤奉大总统命令修改正阳门，爰于1915年6月16日用此器拆去旧城第一砖，俾交通永便"字样。这一器物，先父生前一直收藏。"文化大革命"期间曾被抄走，政府发还时已加贴"故宫博物院"标签，始知曾经国家文物部门鉴定，现仍完好地保存在我家中。

工程共清运渣土8.8万立方米。在当时的条件下，运走这样大的土方量是很困难的。先父苦心运筹，利用他奉有大总统特令和曾做过内政、交通两部总长的有利条件，要求京汉、京奉两铁路将道轨延伸铺设到东西瓮城根下，渣土拆下后及时装进车皮，挂上小火车头沿东西两线外运。西线倾倒于西便门一带，东线倾倒于东便门附近之蟠桃宫，既平垫了铁路两侧的洼地、展宽民用土地面积，又节省了大量人力财力，缩短了工期。

工程进行迅速，当年年底就全部完工。12月29日，先父奉命率同督修官、交通部次长麦坚信，外国工程司罗克格，京师警察总监吴炳湘等进行了验收。

全部工程项目包括：

箭楼北侧的瓮城拆除后，在正阳门两侧添砌南北向新墙二幅，厚3公尺，全用旧砖砌筑；箭楼东西两面增筑悬空月台二座（北平解放，领导人检阅人民解放军入城时就登上了此月台）；箭楼下砌磨光石梯，东西各82级；石梯衔结处展设平台。箭楼上门窗油饰一新，并安装了玻璃，显得十分宽敞明亮。

正阳门两侧各开门洞两座，宽9公尺、高8公尺，还分别安装了带滑轨的钢门。新筑马路两条，皆宽20公尺；两侧人行道，用唐山产的钢砖铺砌。除此处新修暗沟800公尺外，还修筑了由中华门通往护城河大暗沟两条，以备夏季雨水集中时宣泄积潦。

从新开城门至正阳桥，安设水泥栏杆；棋盘街两侧安放水泥方墩，贯以铁练；运购大石狮子三对，分别放置于正阳门前和箭楼东西石梯入口处。为了保存古迹，还将观音庙、关帝庙髹饰彩画。

全部费用共计银圆29.8万余元，其中包括偿付征用商民房屋拆迁费7.8万元，较原预算节省1/4以上。先父由北京市政公所拨交6万元，其余由京汉、京奉两路承付。

改建后的正阳门，不只便利了市民交通，缓解了两大铁路所造成的瓮塞，而且美化了首都。拆下的旧料也做到了物尽其用，在中央公园（即中山公园）内一息斋、绘影楼、春明馆、董事会等建筑物扩建时，差不多都派上了用场。

你们看，曾祖父向上司递交建议实施"正阳门城垣改建工程"呈文的时候，已预想到了"财政短绌"的问题，并提交了解决方案——"工程预算所需的40余万银元中，拟由京汉、京奉两路局各负担20万元，不足之数由北京市政公所从地方行政费用内补齐"。这样的可行方案，他的上司哪里还有拒绝的可能呢？而在那个时代，他提出"在正阳门两侧添砌南北向新墙……全用旧砖砌筑"的建议，既节省了工程费用，又减少了建筑垃圾，而工程渣土"既平垫了铁路两侧的洼地、展宽民用土地面积，又节省了大量人力财力，缩短了工期"——用现代的眼光看也是很超前的呀！其实，我们中国历来有"人尽其才、物尽其用"之说，曾祖父在前三门改造工程中的做法，体现出后者"物尽其用"的智慧。

我父亲朱文极与叔父朱文楷曾合写过一篇《缅怀先祖朱启钤》[1]。咱们跳开与《正阳门城垣改建史话》一文重复的内容，也不难看到此文所述的朱启钤先生另有独到之处。

先祖蠖公，非常人也，幼遭孤露，寄养外家。壮年服官，游宦南北。老求异书，造术甚众。北洋显宦，至今尚是为后人纪念者，以先祖者实属罕见。其一生政绩学术，均为世所推重。文极等生晚，且游学谋食，时违膝下，未能睹先祖事业于万一。今仅述其荦荦大者，以致纪念。

津浦铁路乃我国南北交通的大动脉之一，创建于清朝末期。当时清廷昏庸腐朽，焉有此远见卓识来为人民谋福利？实际上是帝国主义武力侵华成功之后，继之为了达到其经济侵略的目的，而主动贷款于我，修建津浦铁路的。贷款国为英、德两国。英国贷款修建铁路南段，即浦口至济南。德国贷款修建北段，即天津至济南。当时任邮传部尚书徐世昌奏调先祖为津浦铁路北段的总办，民国升任津浦铁路督办，是为其后先祖出任交通总长的前奏。由于津浦铁路北段由德国贷款修筑，所以工程技术人员大都是德国人。先祖因此结识了不少德国工程师，其中有些人后来成为至交，这却成了嗣后开辟北戴河海滨的伏笔（北戴河海滨建筑大部分是德国工程师魏迪锡设计）。由于德国人设计，故而沿铁路各站的站房均一律为德式小洋房，现已多被改建，有些小站还能依稀辨认。最显著者为济南车站，前几年我曾因公出差到济南，车站的德式建筑，依然存在。当时，先祖乃文职官员，并无科技知识，但在接触铁路工

[1] 朱启钤：《营造论——暨朱启钤纪念文选》，第163—165页。

程后，先祖蕴藏于内心的对建筑工程的喜爱与兴趣，受到了启发。其后，在先祖修建中央公园、疏通前门道路、规划建设北戴河海滨，以及创建中国营造学社等等与工程有关的事业，半是启迪于斯。津浦铁路最大的工程，莫过于济南之北处于泺口的黄河大桥。该项工程在当年的确是一件大事。黄河下游河床淤积沙砾层甚厚，桥墩基础，必须采用沉箱掘进。先祖治事，事必躬亲。身为总办，对于工程上的勘察、设计、施工，事无巨细，都亲自过问。即如大桥桥墩基础施工时，就亲自下到沉井中去视察土层情况，沉井空气郁闷，上得岸来，喘了一口大气，这时有人从旁呈上电报，原来是家电报喜，长孙文极降生。在大家贺喜声中，先祖莞尔一笑。先慈每以此事，勉励我们弟兄，要求我们力图上进，只要能够步先祖后尘于万一，则余愿足矣。可惜我们弟兄碌碌一生，毫无所成，转瞬已届耄耋之年，实有负先祖培育之恩。

清帝逊位，民国肇兴。先祖民初任内务总长之时，首先对京城中的清规戒律，逐一清除，为开通皇城东西两侧之通路（即今日之南、北长街及南、北池子），使交通顿畅。为了供给京都居民游息之所，先祖于民国三年开放天安门西侧的社稷坛为公园，名为中央公园（即今中山公园）。京都创建公园，自是而始。先祖政余之暇，从事于公园之建设，无时或已。先祖酷爱公园中之千年古柏，倍加爱护，一一记之于册。谆嘱园丁，善加护理，其所以能依存于今者，先祖之功，不可泯灭。公园之经费，仰赖于官府者微不足道，先祖乃组成董事会，任董事长。所谓董事会者实际上是先祖的僚友及士绅所组成，由他们共同集资，加上园中的租息和门票的收入，赖以维持开支。40年左右的经营惨淡，逐年增添景物，蔚为大观。直至解放后，由政府接管。今日中山公园之规模远非昔比，已名闻全国，并列为北京名胜之一。先祖曾著述《中央公园记》，记述创建之始末，由先外祖父玉双公（孟锡珏）正楷书写，勒石镌刻，列于公园正门右侧。十年浩劫，刻石被毁。幸有拓片尚存，稍可慰藉。

北京内城的南大门为正阳门。正阳门之前有一箭楼。正阳门与箭楼之司有瓮城围护。前门外的大街即前门大街，居民人口稠密，茶肆酒楼，栉比林立，商店戏园，均汇于此。然而前门外与内城之交通，只限于门楼的洞门，当然形成拥挤堵塞之事实。先祖掌内务，对于北京的城市规划，早已胸有成竹。于是决定拆除瓮城月墙，疏通道路。当时有人反对此举，认为拆毁古城，破坏风水，罪莫大焉。先祖干冒天下之大不韪，毅然兴工，将瓮城拆掉。正阳门两侧原与月墙接合处，凿开豁口，于是内外城的交通，顿时疏畅。拆掉几段城墙，虽非难事，而渣土之外运，却是难以解决的问题。幸而京奉铁路（北京至奉天即沈阳）和京汉铁路之起点，均处于前门之东西两侧。利用铁路，外运灰渣，问题得以解决。嗣后又开通和平门，当时也是为了电车道路而开出豁口。其后开凿豁口，以利交通的例子，自是而兴。直至解放后北京城的城墙，全部拆除。前门箭楼，已成为孤立的建筑。解放前，它成了北京城的标志，如今已被天安门所代替，当年动工时，在开工典礼上，先祖手持银斧，破土动工。至今该斧尚存于我家中，已成为历史性的文物。

这篇文章首先说修建津浦铁路的往事，以及有关德国工程师的设计建造合作等事，说明常人眼中饱读中国传统诗书典籍的曾祖父，实际上是很开明、很具备与时俱进的眼光和胸襟的；对于前三门改造问题，与叔祖父朱海北的着眼点略有不同，满怀深情地回忆曾祖父"先祖治事，事必躬亲"的作风和勇气担当——"当时有人反对此举，认为拆毁古城，破坏风水，罪莫大焉。先祖干冒天下之大不韪，毅然兴工，将瓮城拆掉"。

当代学者的述评

同样是谈及中山公园，曾任中山公园副园长兼主任工程师的当代学者姜振鹏先生，着眼点又有不同。姜振鹏在文章《朱启钤先生与北京中山公园》[1]中是这样说的：

1912 年朱启钤先生在担任北洋政府交通总长期间，便有意将皇城内天安门、端门与阙右门以西的已荒废多年、遍地荆棘草莱的明清社稷坛辟建成公园，为京城百姓提供一处有益身心健康的游憩娱乐场所。朱启钤先生改任内务总长后，1914 年承德避暑山庄文物陆续运抵北京，为安置这批文物，朱先生自荐与清廷交涉，将太和、中和、保和三大殿以南地区，除太庙外全部划归中华民国政府管辖，清室人员改由神武门进出。这样，朱公辟社稷坛为公园的夙愿方得以实现。

在朱公的积极倡导和亲手操办下，1914 年 10 月 10 日古老的社稷坛正式作为公园对社会开放。初称中央公园，1928 年为纪念孙中山先生而改为中山公园。公园日常事务由常务董事会后改为公园委员会负责，朱启钤先生亲自出任常务董事会会长及公园委员会主席，直至 1937 年。公园在朱公的主持下，苦心经营策划、不辞疲劳辛苦、亲临现场指挥，而且还要承受来自各方面谴责诽谤的压力，克服种种困难，终使荒秽不堪、满园榛莽的古坛庙发生了巨大的变化，赢得了京城百姓的赞许，成为北京第一个嘉惠市民、陶冶身心、弘扬文化、促进文明、造福社会的城市公园。

在朱启钤先生主持工作期间，公园从以下六个方面做了大量工作。一是对明清社稷坛遗存下来的全部地面文物建筑进行了完整的保护，对重点古建筑进行了养护修缮。从而使古社稷坛的拜殿、戟门、五色土坛、神厨、神库、宰牲亭、坛墙、坛门等都完整地保护了下来。特别是园内的拜殿，自明代建成后，一直未遭到破坏，使其成为皇城中完好的明代建筑遗存，以至解放以后明清社稷坛被国务院确定为全国重点文物保护单位。二是对明清社稷坛乃至辽金时代遗存的古树进行了重点保护和养护。即便是已经枯死的古树也不伐除，而采取了以藤萝或凌霄等攀缘植物萦绕加以美化的方法，

[1] 朱启钤：《营造论——暨朱启钤纪念文选》，第 220—221 页。

使古坛庙的神韵历历在目。三是在不影响古坛庙格局的前提下，在外坛保护、移建了一批宝贵的古建文物。如从惨遭八国联军洗劫后的圆明园移至公园的兰亭八柱、兰亭碑，乾隆皇帝第一次南巡时从杭州原南宋高宗皇帝吴山德寿宫旧址发现的名石，后选入圆明园长春园内园太虚室前，1766年被乾隆皇帝命名的"青莲朵"以及"青云片""寿芝""绘月"等名石，移建了原建于明永乐十八年（1420年）鸿胪寺内的"习礼亭"、河北大名府古刹遗址中发现的一对宋代石狮等。四是在外坛新建了一些适合公园的功能要求并具有较高造园艺术水平的景观景点，如公园南部的水榭、长廊、唐花坞、来今雨轩、迎晖亭，公园西部的绘影楼、春明馆、碧纱舫，公园东部的投壶亭、松柏交翠亭等，给古老的坛庙带来了生机，使它初步形成了人们喜闻乐见的具有浓厚民族风格的近代名苑，其中有个别景观景点就是中国营造学社会员设计的。五是在保护好园内古松柏的基础上，又因地制宜地栽植了大量园林观赏花木，如国槐、白皮松、海棠、丁香、牡丹、芍药、藤萝等，同时还栽培了兰花、杜鹃、茶花等一批室内名贵观赏花卉。六是开展健康、高雅的多种展览及文化、卫生、体育、娱乐活动，使公园成为既受上层人物喜欢同时又受基层百姓欢迎的雅俗共赏的消遣游览场所。

朱启钤先生为官数十年，身居庙堂，但却始终不忘矢志爱国，施德百姓。他淡泊名利，为公园建设呕心沥血，鞠躬尽瘁。他为自己在公园内办公的处所取名为"一息斋"。从他本人撰写的《一息斋记》中我们可以看出取名之义："取吾宗文公一息尚存其志不容稍懈之义以自励也。"他称赞"孔子论政首曰先劳继曰无倦是先劳为前进之方法无倦乃后事之精神"。实际上，这种精神亦曾激励了当时为辟园而献身的一代人："二十五年中曾经许多波折咸赖群策群力以赴之方获有济一息之存斯志不怠又岂仅取以自励哉。"这里也可看出朱公依靠群众、相信群众以及谦逊的美德。

这篇文章发表于1999年，给我个人的感觉是：此时距曾祖父逝世已有三十五个春秋了，而他在学术界的影响非但没有消失，反而在建筑历史与理论研究领域越来越受到重视。对曾祖父学术思想作学理性的分析研究，逐渐成为建筑学界的重大课题。

随着时间推移，很多原来觉得似乎无足轻重的事，现在都成为重要的学术史料重大发现了。例如，建筑史家单士元先生之女单嘉筠作《朱启钤的亲笔信谈及清宫水晶宫》[1]，提到曾祖父曾致函单士元先生，谈及晚清时在紫禁城内延禧宫庭院上建造西式建筑水晶宫时，有这样一段话：

> 至水晶宫建设未成，在李石曾主持故宫博物院时，特就其遗址改建混凝铁筋储藏库在设计之，我曾被邀请到遗址勘察一次……见水晶宫仅存地室，用钢梁装成一个井架，下用水储井，将来在地窖内安设机器电滚汲水上升入主殿四周玻璃墙夹壁，养鱼点灯，一种外国博物院内所设的水产动物展室的建筑方式，此等措造非北京木厂工匠所能做的，必然是由外国工程司及沪港工人来京画办行为，故遗址剩余钢梁铁件以及镟床刨床应用工具不少……

这无疑是一份重要的学术史料，说明紫禁城延禧宫所建西式水晶宫，至民国初期尚未完工，而曾祖父受李石曾的邀请，曾前往现场勘察，支持使用现代的钢筋水泥建筑方法加快竣工；这也说明了在大时代的"西风东渐"对社会时尚的影响之下，曾祖父对学习借鉴西方建筑技术与理念，是持积极态度的。

这里，我还想谈谈刘宗汉先生所作的《朱桂辛先生二三事》[2]。刘先生自1956年起成为曾祖父的秘书，至1964年曾祖父逝世，为期八年，并不算很长，但之后的几十年岁月，他始终把研究朱启钤生平、学术思想及成就当作毕生的事业。他的这篇文章有这样几段：

---

[1] 朱启钤：《营造论——暨朱启钤纪念文选》，第244—246页。
[2] 同上书，第151—158页。

延禧宫水晶宫现状之全景

延禧宫水晶宫现状之近景

……桂老没有功名，甚至没有应过乡试，但他却从几位名师学过举业，而且经书很熟。九十几岁，还能背诵《仪礼》。

……桂老和庚子（1900）时被张之洞杀死的唐才常也有较密切的往来，唐是他在四川时的好友。桂老晚年在看一本讲到唐才常的书时，曾对我说："这是我的朋友，被杀死了。我很难过。"可见与唐交谊之深。[1]

曾祖父的成长经历与科举正途出身的人有所不同，不是按部就班的秀才—举人—进士—官场，而是"不拘一格"降生的人才——别才，他在晚清时期就是锐意革新的维新派人物。

1921年，巴黎大学授予徐世昌文学博士学位，桂老作为徐的私人代表前往法国代徐接受学位，然后游历了英、意、比、德、美、日诸国。当时旅法勤工俭学学生，正因为华法教育会拒绝维持而陷于极为困难的境地，桂老曾向学生捐款五万元作为接济。一些旅法学生联名给他写过一封感谢信，并用两个小本子签上姓名，赠给他。感谢信的起草人就是徐特立同志。解放后徐老曾托章士钊先生向桂老转致谢意。[2]

曾祖父与中共的渊源早在建党之初啊！后来周总理如此重视他，或许是起源于此。

这次出使以后，桂老便彻底地脱离了政界，专力经营中兴煤矿公司、北戴河避暑地和中国营造学社等事业。其中以营造学社对中国文化发展有着较大的影响。

……清末，桂老在北京任巡警厅厅丞期间，因为要修建工程，经常与工匠们打交道，发现他们有一些口耳相传的经验，同时也

---

[1] 朱启钤：《营造论——暨朱启钤纪念文选》，第151—152页。
[2] 同上书，第155页。

了解到清代还有一些官修的《工程则例》之类的文字资料。这使他对古建筑的了解更前进了一步。

民国以后，他担任的内务总长兼管北京市市政，并且经手办了几件与工程有关的事，如开放社稷坛为中央公园（即现在的中山公园），改建正阳门等。当时他很想向世界介绍中国的古代建筑，但苦于缺乏文献资料。到了1918年，他赴上海参加南北议和路过南京时，在江南图书馆发现了一部影宋本的《营造法式》，非常感兴趣，后来就用石印法刊印了它。《营造法式》是北宋官修的一部建筑工程书籍，现在传下来的本子是北宋哲宗时李诫重新修订的。这部书的发现和重新刊行，为研究古代建筑提供了很大的便利。

1921年桂老自欧美归来后彻底脱离政界，便开始组织人力整理材料，从事营造学的研究。1925年，他创办了营造学会，从事于营造图书、图纸的搜集，并且制作了一些古建筑的模型。他的一些与古代建筑有关的著作如《哲匠录》《漆书》等的初稿，也是这时开始编集的。

1928年，桂老在当时的中央公园（即中山公园）举办了一次展览会，展出了历年收集制作的书籍、图纸、模型等。这次展览会引起了各界对古建筑研究的重视，中华教育基金会也表示愿意拨款补助。1930年，他在北京组织了中国营造学社。中国第一个专门从事古代建筑研究的学术团体就这样诞生了。次年，梁思成、刘士能加入营造学社，从事古建筑研究。此后营造学社开展了一系列的学术活动，培育了一批从事古建研究的人才。这些事已为世人所熟知，这里就不再多写。

抗战时，营造学社迁于重庆附近的李庄。留在北京的资料图书存在中山公园，由桂老自己出资雇人保管。光复后，营造学社迁回北京。我曾见过当时桂老亲笔写的营造学社募捐启事。这是一个红丝绒皮的册页，前几页是募捐启事，后面白页留给人写认捐款数。记得募捐启事中有这样几句话："绝学不堕，邦家之福，老朽之年，有厚望焉。"在这里，我们可以看到这位老人对他从事的古建事业的关注。[1]

这几段说明曾祖父脱离政坛而投身实业界、学术界的选择是非常明智的，尤其适合他的性情为人。

"七七"事变后，北京沦陷……桂老在北洋政府中资望较高，而且从事过北京的市政工作，便成为日方重点拉拢对象。当时桂老和王克敏住隔壁（桂老与王都住在北京东城赵堂子胡同，他住二号，王住三号），王克敏便利用与桂老的旧关系亲自劝说他出任伪职，另一名汉奸潘毓桂也出面进行这种拉拢活动。桂老以自己正在编纂《贵州碑传集》，无心涉足政治为理由，拒绝了日伪的拉拢……他虽然在沦陷区住了八年，但始终未与敌伪同流合污。[2]

曾祖父在抗战期间坚守民族大义是令人敬佩的。其实，他在那个特殊时期，也始终没有放弃营造学社的事业，如抢救在天津麦加利银行被水浸的古建筑测绘资料等，刘先生在其他文章里提到过。

桂老晚年的精神很好，90岁以后他仍然每天坚持看书、看报、写文章。除了前面说过的他注意收集少数民族的资料外，还对自己的旧作《漆书》《贵州碑传集》进行增补。他过去纂辑的《哲匠录》，在他的指导下，也由上海同济大学的陈从周先生加以整理……大概是由于长期从事古代建筑的关系，他对古建筑的兴趣特别大。《文物》等杂志上发表的有关古代建筑的文章，他几乎每篇都仔细阅读。他很关心给宋李诫《营造法式》作注的问题。1961年在他的九十岁生日时，在京的学生送给了他一部宋版《营造法式》残本的照片，他即席就向文化部副部长徐平羽同志提出了组织人力给《营造法式》作注释的问题。后来因得知梁思成先

[1] 朱启钤：《营造论——暨朱启钤纪念文选》，第156—157页。
[2] 同上书，第157—158页。

生已经在做这件事，才没有再重新组织人力。但这也说明了他晚年对古建筑的孜孜关注。

曾祖父朱启钤先生的过人之处，是把毕生不懈求真与安享晚年二者安排得如此泰然自若。

这里，感谢刘宗汉先生预先为咱们这个尚未完成的书稿题签[1]！刘宗汉是位造诣很深的书法家啊！

中国营造学社成员的回忆

曾祖父朱启钤先生一生最中意的事业，无疑是中国营造学社的初建及之后的学术活动。营造学社的成员们以及对中国古代建筑感兴趣的新老学者们，都对曾祖父抱有诚挚的敬意。学社的两位学科奠基人梁思成、刘敦桢都曾在他们的著述中一再强调曾祖父作为学术带头人的贡献，此次访谈中多次提到的《营造论——暨朱启钤纪念文选》一书，也收录了单士元、刘致平、罗哲文等的多篇回忆文章。最近，学社重要成员陈明达先生（1914—1997）的一份关于中国营造学社历史与学术贡献的访谈记录，经后人整理后也终于问世了。这是一份弥足珍贵的学社史料，现已节选一部分列为这本书的附录，可供读者参考，兹不赘述。

这里，我们还是看看罗哲文先生《忆朱启钤社长二三事》[2]所讲述的往事：

当我在 1940 年考入中国营造学社，梁思成、刘敦桢先生等向我介绍情况的时候，就首先介绍了社长朱启钤，学社同仁都称"桂老"（因他号桂辛）。在我的心目中，他似乎是一个十分尊贵而又崇高的人，因为梁、刘二先生在谈到他时都非常敬重。但

---

[1] 刘宗汉先生很希望本书稿能早日出版面世，但不幸的是，他已于 2023 年 6 月 23 日溘然辞世，享年 87 岁。在此，本书稿的口述者与整理者特向刘宗汉先生致敬！

[2] 朱启钤：《营造论——暨朱启钤纪念文选》，第 193—194 页。

是当 1946 年我随学社复员北平路过上海，我和刘致平、莫宗江等先生到他住所（当时他住上海）去看他的时候，才对他有了感性的认识……我们向他汇报了学社在大后方仍然艰苦奋斗开展工作，他那爽朗的笑声，给了我很深的印象。

新中国成立以后，周恩来总理派人把他接回北京，后又被邀为全国政协委员，看到共产党的政策和对文物保护的重视，他非常高兴。他经常让我到他家去谈一些文物古建筑的情况和意见。那时他已年近九十，耳朵不好，听力甚差，但是他的脑子、眼睛和手都还很好，他和我采用了笔谈的形式。今举几件他关心的事和他的手迹如下：

一、1959 年 5 月建筑工程部部长刘秀峰主持召开了编写《中国古代建筑史》的会议。以后又开过几次，我们营造学社的人都参加了编写。桂老对此十分关心，因为他创办营造学社的时候，

朱启钤手迹

其目的之一就是要写我国的建筑史。他特意叫我到他家里去了解情况……

二、桂老虽已过九十高龄，但仍很关心新的发现、新的问题。为征求他对第二批全国重点文物保护单位的意见，我到他家里，他非常高兴，饶有兴趣地问起："梁思成在广西调查发表真武阁悬柱结构问题，如何反映？"我回答说，这是一处很了不起的发现，是古建筑结构上的奇迹。他又发出了兴高采烈的爽朗笑声。接着他又鼓励我们要研究中国建筑的新问题，他说："昨天看《人民画报》所载的西双版纳竹结构宫殿，引起我对南洋阿角上翘过分的弯起角脊（的兴趣），是阿房源起，请你们注意此式。"九十高龄的桂老，思维如此敏捷，令人十分敬佩。

三、桂老除对古建筑之外，其他有关文物和考古发掘之事也很关心。有一次他问到明十三陵的发掘问题："永乐的长陵还在继续发掘吗？"并谈了他的看法。我回答说："现在暂时未动，因为出土文物保护困难，正在研究保护方法。"他说太好了，千万要十分准备好才能动。

桂老对他自己的看法甚是坚持。有一次我和他谈起忠王宝剑之事，因为是我详细摄影的。他看了以后，认为是伪造的，举了很多理由，几乎成了长篇论文。因为他对古剑制作确是有过实践的经验。此外，桂老在对清末民初北平的城市变化情况，十分清楚，而且很多改变如打通长安街、前门交通等，都是他亲手操办的。因此我特地去请他写一点"杂忆"文章，他很高兴，谈了很多。如谈到贡院的变化时说："在前清末年，拆去贡院改造国会，革命以后只在象房盖了一个众议院，贡院就弄成一片焦土，日本来建神社。"这篇很有价值的文章，后来由于桂老年事实在太高未能完成。

罗哲文的这篇回忆，记录下了曾祖父晚年在学术研究方面的关注点和在研究方面的坚持不懈，同时也展示了他对年轻一代学者的爱护。我想，我们今天缅怀朱启钤先生，其目的也在于激励后学诸君继承老一代的治学精神，令中华文化薪火相传、后继有人。

第五章

结　语

　　曾祖父朱启钤先生一生为人低调，虽经历潮起潮落，也取得了卓越成就，但从不为自己树碑立传，也不曾撰写过"回忆录"的文字。我作为唯一与朱启钤先生在一起居住过的仍在世的后人，有责任将朱启钤先生的精神传播出去。感谢中国文物学会会长单霁翔对朱启钤旧居的关切，也感谢《中国建筑文化遗产》编辑部金磊、李沉、苗淼、崔勇、朱有恒、董晨曦、金维忻等人十几年来对曾祖父及中国营造学社的研究与传播。感谢殷力欣先生在这份口述史的后期整理阶段所做的审校工作，他还提供了一些重要的史料补充。

　　我的儿子正在与朋友围绕朱启钤先生生平事迹联合创作剧本，目前还在策划打磨中，无论是以话剧还是电视剧的表现形式呈现，如能实现，也是为朱启钤先生的精神传承出了一份力。

赵堂子胡同旧照背面

附　录

附录一

朱启钤开创的城市建设遗产保护之路
——纪念朱启钤先生诞辰 150 周年[1]

金　磊

　　2022 年是朱启钤先生（1872—1964）诞辰 150 周年，城市、建筑、文博各界陆续筹备关于其学术贡献的纪念活动，主题旨在让历史文化的光辉照进现实。2022 年 2 月 25 日恰值朱启钤先生辞世 58 周年前夕，《中国建筑文化遗产》编委会与北京市建筑设计研究院有限公司叶依谦工作室等联合举办"朱启钤与北京城市建设——纪念朱启钤诞辰（1872—1964）150 周年"学术沙龙，会议主题旨在回望以朱启钤为代表的先贤们对北京中轴线建筑保护的贡献。与会专家先后议到 20 世纪以来为北京中轴线建筑保护与传承作出文化贡献的大家：朱启钤（1872—1964）、华南圭（1877—1961）、梁思成（1901—1972）、侯仁之（1911—2013）、单士元（1907—1998）、张镈（1911—1999）、张开济（1912—2006）、华揽洪（1912—2012）等。其中朱启钤曾被周恩来总理评价为"著名实业家、爱国老人及中国著名建筑历史学家"，他及其开创的"中国营造学社"在 20 世纪中国历史、城市、文化诸方面都作出了不可磨灭的贡献，他应该是北京中轴线传承发展历史上最重要的人物。笔者以为，这不仅是在时光深处捡拾历史，也是在钩沉湮灭的历史碎片时，给记忆建档，重在为今日城市文化建设带来启迪，更是对有深度的城市、建筑、遗产学术薪火的承扬。

---

[1] 2022 年适值朱启钤先生诞辰 150 周年，中国营造学社纪念馆推出"蠖园"系列与朱启钤相关之文章。本文系此系列文章之一。

"朱启钤与北京城市建设——纪念朱启钤诞辰（1872—1964）150周年"学术沙龙（前排左一：华南圭孙女华新民；左二：中国文物学会副会长刘若梅；左三：中国工程院院士马国馨；左四：朱启钤曾孙朱延琦）

2022年4月11日《中国建筑文化遗产》编辑部组织"重走朱启钤 华南圭 中山公园之路"学术考察活动（合影于来今雨轩）

习近平总书记反复指出国家、城市历史文脉传承的重要性，他尤其强调对历史推动产生作用的各界功勋不该被忘记，要全面辩证地看待历史和历史人物，这是对历史唯物主义理论和方法的自觉遵循。2022年2月20日，中共中央宣传部等3部门发文《关于学习贯彻习近平总书记重要讲话精神　全面加强历史文化遗产保护的通知》，"全面"是关键词，是要求在历史文化遗产保护上，不可缺失"人文精神"。历史文化传承倡导的当代建筑遗产保护观，反对拆真遗存、建假古董，要特别珍视真遗存的价值与意义，尤其要不忘再现对城市建设作出贡献的历史人物，因为这些贡献者是实实在在的城市文化地标，他们建构起风吹不走的史实。优秀传统文化创造性转化与创新性发展，朱启钤的"故事"真的不可不提，不可不知，不可不向公众传播。

朱启钤先生冉冉流芳的建筑文化贡献

一个历史人物，如果从他的作为中找到现实的贡献及对当下的作用，他无疑是该被记住并怀念的，朱启钤正是这样充满智慧的人。他曾任北洋政府交通总长、内务总长，代理国务总理，中央文史研究馆馆员（1953 年 5 月被聘），第一届北京市政协委员，第二、三、四届全国政协委员，古代建筑修整所顾问。周总理于 1957 年、1961 年两次亲临北京东四八条 111 号故居看望朱启钤。1961 年，周总理亲自在全国政协礼堂二楼为朱启钤主持了 90 岁祝寿活动。

来自业界大家对朱启钤先生的高度评价是：

· 1922 年 8 月，正在北京大学教书的胡适初见朱启钤，在日记中说："……他（朱启钤）是近十年内的第一个能吏，勤于所事……交通系的重要分子，以天资的聪明论，自然要推叶恭绰；以办事的真才论，没有可以比朱启钤的。"

· 著名建筑学家梁思成、刘敦桢、林徽因等都尊他为启蒙师。

· 中国营造学社研究员王世襄先生在 2004 年朱启钤辞世 40 周年为论文集题名《冉冉流芳惊绝代》。

· 1989 年，中国营造学社成立 60 周年时，吴良镛院士便撰文《发扬光大中国营造学社所开创的中国建筑研究事业》。

· 傅熹年院士称"朱启钤是研究中国建筑的倡导者和引路人"。

朱启钤对中国城市建设的贡献是多方面的，堪称遗产的至少可集中在三个方面，从中可看到穿越沧桑的精彩城市故事个案，串起他的贡献，就可知所从来，方明所去。

1. 对北京城市建设的贡献

· 他开辟了北京市第一个公园——中央公园（现中山公园）。

· 他开办了中国第一个博物馆——古物陈列所。

· 他支持并组织知晓中外文化的设计家完成了中西合璧的一批北京古都建筑，如故宫博物院宝蕴楼；将中南海南侧的宝月楼下层改建为"新华门"，拆除内侧的皇城墙，使大门直通西长安街，又在门内修建了大影壁，在路南建起一排西式风格的花墙等。

· 他第一个倡导"修旧如旧"观念，主持制定了我国最早的古建保护法——《胜迹保管规条》。

· 20 世纪 10 年代后，面临改朝换代"新"北京城的发展之需，朱启钤先后组织规划修复京城环城铁路、疏浚河道等。

· 他拆除千步廊，主持京师前三门（正阳门、崇文门、宣武门）城垣改造工程，使京城"平治道路，便利交通"景致畅达而深得民心。其中，北京宣南香厂街区改造项目本身就是 20 世纪建筑与城市遗产的开创性贡献。

· 他因担心沦陷后北京中轴线建筑遭战火之危，组织天津工商学院张镈师生等，开展了堪称壮举的北京中轴线建筑实测。

2. 对 20 世纪中国建筑研究的贡献

· 朱启钤乃 20 世纪中国建筑之路的先驱者。1930 年成立 20 世纪中国第一个建筑学术组织"中国营造学社"。

· 朱启钤重视建筑学术思想的传播。创办影响海内外的《中国营造学社汇刊》（1930—1945 年共出版 7 卷 23 期 22 册，约 5600 页，其中插图约 1600 页）。

· 朱启钤最突出的贡献是组织培养了在中国持续产生影响的建筑文博后学。他支持、结识、合作了一批海外归国的建筑城市精英，自然形成并构筑了中国第一、二代建筑脊梁，如朱启钤的合作者华南圭（1877—1961）、周诒春（1883—1958）；他培养的后学，如庄俊（1888—1990）、关颂声（1892—1960）、刘敦桢（1897—1968）、赵深（1898—1978）、梁思成（1901—1972）、陈植（1902—2001）、林徽因（1904—1955）、邵力工（1904—1991）、单士元（1907—1998）、刘致平（1909—1995）、张镈（1911—1999）、陈明达（1914—1997）、莫宗江（1916—1999）等。

3. 朱启钤研究影响了 20 世纪与当代遗产

对于朱启钤对当代城市建设与文博传承的价值，两院院士吴良镛曾将其归纳为九个字，即"旧根基、新思想、新方法"。本质是在强调"旧学"与"新学"的结合，"文献"与"调查"的结合，"研究发现"与"科学整理"的结合等。由此可见，为什么朱启钤及其中国营造学社传承下的建筑历史观在当下仍熠熠闪光，其理由是：

· 中国的城市与建筑先驱们虽熟知国外的建筑文化成就，但他们从爱国主义出发，跟随朱启钤研究中国传统建筑，从不抱残守缺；

· 中国营造学社庞大的科学工作体系使世界学术界为之刮目相看，中国建筑文化当下需重振以闪耀于世界文化之林；

· 中国营造学社之所以能以私人学术团体，克服困难，高效率、高水平地肇建大业，离不开学社先驱们的相互尊重及使命感，离不开艰苦治学的学风，离不开培养后辈的师德与风尚。

纪念朱启钤先生的"故实"点滴

"故实"不同于故事，它强调的是有历史意义的事实，其出处要完整，不可演绎。2009 年值朱启钤创立中国营造学社八十周年之际，我们策划编辑了《营造论——暨朱启钤纪念文选》（天津大学出版社 2009 年 1 月第 1 版）、《留下中国建筑的精魂——纪念朱启钤创立中国营造学社八十周年画集》（天津大学出版社 2009 年 4 月第 1 版）"两书"，同时于 2009 年 4 月 14 日，在北京东城南新仓举办了"留下中国建筑的精魂——纪念朱启钤创立中国营造学社八十周年"研讨会与展览。现将诸多"故实"中的几则细解出来，尽管它也许是凤毛麟角，但从中确能感受到朱启钤百年前就具有的都市文化建设意识与传承精神。纪念日是一种唤醒，更该是追慕先贤且崇德启慧的一种社会钙质。之所以强调城市建设不可缺少"人文"，是因为"人文"是人的独有；也恰恰由于"人文"的呈现，才拥有学术，才有了更丰富的思想。

2009 年 4 月 14 日，为纪念朱启钤创立中国营造学社八十周年举行的"留下中国建筑的精魂"展览与论坛

《留下中国建筑的精魂——纪念朱启钤创立中国营造学社八十周年画集》封面

2018 年 8 月 29 日，建筑文化考察组一行踏访香厂街市

1. 从改造"正阳门"到兴建"香厂新市区"

前门是正阳门的俗称，更是正阳门城楼、瓮城、箭楼、正阳桥、五牌楼的统称。古人以南为正，正阳门是京师九门之首，其形制高于京城其他各门。辛亥革命后，京城跨入新纪元，交通困境亟须破解，打通京城东西南北交通，要在天安门布局上有所完善。1915 年 4 月 15 日，朱启钤呈报《筹修京师正阳门城垣办法》，6 月 16 日由他主持的正阳门改造工程冒雨开工，将瓮城墙拆掉，正阳门两侧原与月墙结合处便开了豁口，内外城顿时畅通，这个正阳门改造工程是"皇权"向"民权"转化的京城建设的大事件。同时，朱启钤还在南池子和南长安街路口，设计建设了拱形街门，并种植德国槐树数万株，至今仍是东、西长安街令人瞩目的"盛景"。1915 年改造前门，推倒了一段城墙，开通了 4 座新修城门，使京城最重要的南北中轴线中段的交通大为改善。对此，当时美国公使芮恩施（1869—1923）评价朱启钤的贡献为"作为一个建设者，他成了北京的奥斯曼男爵"，他认为朱启钤所为"开启民治北京的先河"，他还不止一次提醒来中国的外国建筑师，若不懂中国建筑文化，最好不要轻易与朱启钤接触，因为朱启钤是一位有很强文化自尊的人。

兴建"香厂新市区"是朱启钤尝试中国民居及公共建筑现代化的创造性社区实践。在汪坦教授主编《中国近代建筑总览·北京篇》中，王世仁、张复合的《北京近代建筑概说》一文描述了香厂"新市区"。香厂位于天桥地区香厂路一带，1914年成立的京都市政公所选择此址作为建设示范区。十字相交的主街为万明路和香厂路，交叉处为一圆形广场。广场一侧由英国人麦楷绘图，设计了西洋式综合游乐场，主体四层，正中突出三层塔楼，内设屋顶花园、商场、游戏场等，仿上海的"大世界"名为"新世界"，次街小巷与主街垂直相交，沿街道两侧统一为二层楼房，它们为青砖木结构，临街立面构图为壁柱，山花和西式门窗线脚组合，间有砖雕和抹灰装饰，还有不少装了铁花栏杆，很有装饰感。当年的《京都市政汇览》载《市政通告》中说：

> 力求完备，垂示模型……仿是程式，渐次推行……使首都气象有整齐划一之观，市阔规模具振刷日新之象。

香厂新市区在各方面很见成效：1914年仁民医院开诊；1915年9月在先农坛举办国货展览会；新世界的游戏内容令人耳目一新，带动了香厂地区的繁荣等。曾任北洋政府交通总长的叶恭绰称赞朱启钤的成就：

> 京师市政，皆蠖公手创，以形格势禁，诸费经营……

正是朱启钤的努力，使北京由一个保守的封建都城向近代化城市迈进，开创了北京近现代城市的发展前景。

2. 从蠖公亭到公益会的北戴河海滨建设

《是亭似堂，石材筑构，高风亮骨，不落俗臼》一文，是已故戴复东院士1999年为朱启钤先生纪念亭（蠖公亭）创作的手记文稿。

朱启钤先生纪念亭"蠖公亭"

据戴院士回忆，为弘扬朱启钤先生热爱祖国、发扬并保护民族文化的精神，1998 年 4 月 18 日经中共中央及国务院两办公厅批准，由朱启钤海内外亲友集资修建蠖公亭。朱启钤四孙全国政协常委朱文榘邀请戴复东院士担纲设计，该亭于 1999 年建成，同年 7 月 18 日正式揭幕。对于该亭的意义，戴院士提出了三点认知：（1）亭虽是小建筑，但它应是具有传统但又有革新精神的亭；（2）作为与朱启钤开创众多"第一"事业的精神匹配，亭小但必须有种恢宏之气势；（3）此亭的精神意义应恒久永留传。据此戴院士想到绍兴大禹陵的几座亭子，石材给人以坚、挺、古的强烈感受。设计从平面上讲，是两个长方形的歇山顶套叠而成，形成是亭似堂的不多见的特色亭堂建筑；此外，该亭堂从柱至梁到顶板及脊、宝顶都用白色石材建成，给观者一种高风亮骨的大气势，以达到亭、人相映相辉之境界。

人们知晓朱启钤先生的贡献几乎都与中国营造学社、与他培养了一批批建筑文博的后学相关，但或许不知晓他也是中国近现代旅游业的奠基人。北京北戴河海滨自 20 世纪 20 年代，即成"在远东罕有其近"的避暑旅游胜地，朱启钤应是"世人瞩目的开发者"，1916 年秋，

作者与朱启钤曾孙朱延琦在朱启钤先生墓前（2006 年
深秋，八宝山公墓）

他支持开辟了北戴河火车站至海滨的铁路支线，此乃中国第一条旅
游专线；1921 年夏，由北洋政府南苑航空署开设的中国第一条旅游航
线"北京至北戴河海滨航线"建成。光绪十九年（1893）英技师金达
及北洋官铁路局同僚，在勘测北戴河海滨沿线时，大为赞叹其山水之
美，后英国基督教传教士甘林，在联峰山顶建造了第一幢别墅。1898
年，清廷批准北戴河为"中外人士避暑地"，开辟"秦皇岛为商埠"。
面对各国人士以侵占当地土地为目的的"石岭会"等机构的无端行
为，1916 年朱启钤先生敏锐发现此危机并据理力争，提出"争主权、
拒外人"，以防止大好河山"复为有力者所攫"之目的，他倡导需中
国人自己管理北戴河海滨，并积极成立"公益会"。

据史料证明，朱启钤的爱国之举保留在他组建的公益会档案资料
中，更留在堪称遗产的北戴河海滨建筑中。1933 年 11 月 27 日，在
天津法租界盐业银行大楼的公益会董事会议上，朱启钤讲话说：

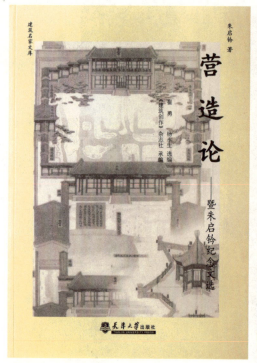

《营造论——暨朱启钤纪念文选》封面　　　　　《蠖园文存》（2020 年新版）封面

本会于民国七年中国加入欧战后成立，并非为个人娱乐起见，完全是为争国际地位，不忍坐视地方事业经营之权落诸外人之手。

在北戴河海滨公益会组建的 21 年里，该会筹措资金、规划市政、修路建桥、开辟公园、保护名胜、设立医院、开发了一系列旅游设施如公共海滨浴场等。对房屋建筑（临滩建屋）也有极为严格的规定，不允许破坏沿海风景，如强调"必使建筑物足以为风景之点缀，屋必有廊，廊必深邃，用蔽骄阳，用便起居……围墙刺槐刺柏为之，时时修剪，使之齐一，高仅及肩，不妨远眺"，从而使建筑格局优雅又与海滨风景浑然一体。对此，就连西方人于 1924 年在海滨发行的《邮报》也赞赏朱启钤的公益会成绩斐然。可见，朱启钤保护与开发北戴河海滨的爱国义举，至少发挥了三大作用：发起并号召创办者的旗手作用；卓越的组织领导及实施建设作用；保护中国主权、抵制外人侵占，并创造性建设美丽避暑胜地的作用。

以文化北京建设看保护朱启钤故居的迫切性

2021 年北京相关部门公布"北京历史文化名城保护十大看点"，不仅有中轴线申遗保护工作驶入"快车道"，还有东四南北大街完成环境提升，其中的建议是要对这条 700 年历史的"文风京韵、大市银街"中的重要历史人物进行研究。具体讲，无论是中轴线"申遗"，还是"文化东城"建设，生活在其中的朱启钤等对北京城市建设的贡献不能不讲述。

其一，朱启钤的城市遗产贡献具有世界遗产记忆价值。早在 2015 年，联合国可持续发展峰会就通过了《变革我们的世界：2030 年可持续发展议程》，特别强调将世界遗产作为人类可持续发展的有力推动者。从联合国教科文组织看，推动世界遗产教育的动因，就要告知人们关于人类既往生活永恒的遗产保护理念何以需世代相传，要铭记为城市遗产作出贡献的一位位先驱，这本质上是在延伸人类记忆。要注意到大量建筑师与城市管理者围绕北京人文记忆所做的建设文献乃世界记忆遗产项目，是联合国教科文组织三大遗产项目（世界遗产项目、非物质文化遗产项目、世界记忆项目）之一。梳理北京 20 世纪建筑遗产工程档案及建设者人物志，发掘有价值的文献遗产，这是城市建设遗产应关注的"点"。

其二，朱启钤故居既要升级保护也要纳入"大文旅计划"。朱启钤在北京的故居有两处，都尚未达到应有的文物保护等级，建筑保护前景十分堪忧：东城区赵堂子胡同 3 号院，为 20 世纪 30 年代中国营造学社办公建筑，后来朱启钤将其捐献给政府，但它至今仅为东城区文物保护单位，如今已是大杂院，存在各种隐患，亟待提升保护等级，搬迁住户，建议从中轴线"申遗"高度将此建成"中国营造学社博物馆"，提升为研学基地；东四八条 111 号是朱启钤晚年至逝世居住地，1957 年、1961 年周恩来总理两次来此看望朱桂老，但有如此重要价值的东四八条 111 号至今仅仅是文物统计点，非文保单位。它是年久失修的有制式的标准四合院，如今只能靠朱启钤后代每年出资维护，建议提升保护等级，至少应纳入北京市级文保单位，恢复尊严使之"活态"利用,"文化东城"诸项建设目前尚未囊括这项内容。对朱启钤在北京城市建设上的不可磨灭的作用要予以充分肯定。朱启钤培养的中国第一代、第二代建筑师的贡献必须系统梳理,要将此纳入北京中轴线申遗历史贡献者名录,并由此展开持续的传播与挖掘研究。从遗产开发的大文旅思路出发,为专业人员及社会公众乃至中小学生设计不同的"朱启钤与中国营造学社"的研学文旅线路。

写纪念朱启钤先生诞辰 150 周年的感悟令人感慨颇多,但核心是要悟到他独立思考与兼容并蓄的中华文化血脉传承的遗产观,今人要善于弥补历史文化遗产传承中"见物不见人"的缺陷。朱启钤在百年前就具有的遗产传承与创新的大视野,恰如他在《中国营造学社开会演词》中讲到的:

> 全人类之学术,非吾一民族所私有。吾东邻之友,幸为我保存古代文物,并与吾人工作方向相同。吾西邻之友,贻我以科学方法,且时以其新解,予我以策励。

这恰恰体现了如下认知:

敬畏历史,要以历史观照未来。

敬畏文化,要以文化奠定基石。

敬畏先贤,要立人文城市目标。

附录二

北京宣南香厂街区近现代建筑遗产考察记略
——朱启钤与北京香厂路地区历史建筑改造及其历史变迁

建筑文化考察组[1]

引 言

  1914—1915 年期间，历任晚清、北洋、民国政府要员的朱启钤时任中华民国京都市政公所督办、内务总长兼任交通总长，面临改朝换代后的新北京城的城市建设与适应新历史时期发展要求的局面，先后规划实施修筑京城环城铁路、改建瓮城、疏浚河道、打通长安街、贯穿南北池子、开放社稷坛为中山公园等市政工程的同时，不满于"市政交通多窒碍，殊不足以扩规模而崇体制"而主持京师前三门（正阳门、崇文门、宣武门）城垣改造工程，使得京城"平治道路，便利交通"[2]景致畅达的政绩深得民心。与此同时，北京香厂路地区建设与改造也是朱启钤于 20 世纪一二十年代留下的城市建筑改造更新的举措。此前的王府井大街改造已完成了草图绘制但未能如愿落实，但香厂路地区改造则得以实现。

  2018 年 8 月 29 日，不畏酷热高温，《中国建筑文化遗产》编辑部发起的建筑文化考察小组一行赶在香厂路地区被改迁之前对之进行考察。今珠市口基督教堂、留学路、鹞儿胡同、万明路、香厂华康里与平安里弄堂、香厂仁德医院等历史遗迹依然存在，但面对城市街道的改造改建进程，它们正面临消失之虞。肇始于朱启钤的香厂路地区

---

[1] 崔勇执笔。

[2] 朱启钤：《修改京师前三门工程呈》，见《营造论——暨朱启钤纪念文选》，第 86 页。

香厂社区及周边之珠市口教堂

香厂社区及周边之赵锥子胡同街景

历史建筑改造及其历史变迁是一个时代的历史印记，历史当识之。

参加此次的考察者有：金磊、韩振平、殷力欣、季也清、崔勇、李沉、苗淼、李玮、郭颖、朱有恒、董晨曦等。

北京香厂路地区的历史渊源

北京香厂路位于宣武区（今西城区）东南部，东起留学路，西至阡儿胡同。明清时期，因此地地势低洼、沟塘遍布，且又多有制香贩香者而得名。香厂路中心地段有一个巨大的水泡子，周围多有做皮毛、漂染生意的作坊，这些作坊排泄的废水都进入水泡子，以致蚊蝇成堆，臭气熏天。

光绪三十四年（1908），北京城因开始修筑南北新华街道路而将明沟改砌成暗沟，并在沟西扩建高等师范学堂、沟东新建五城中学堂。宣统元年（1909），清朝当局将一年一度的厂甸庙会暂时迁移到香厂路一带的空旷隙地举行。经过填壑整地，清除垃圾，庙会在香厂路一带连续三年如期举行。庙会结束后，还存留不少摊商与伶人支搭的寮棚，经商唱戏，使寂静空寥的香厂路地区初显市容之景，给后来的市政当局开发香厂路地区创造了基本条件。

庚子年（1900），八国联军入侵北京，京畿人民饱受战乱之苦。于西安躲避战乱的慈禧太后回銮北京之后，为缓和国内日益尖锐的矛盾，不得不开始考虑了解和接近西方，推行一系列"新政"。在光绪二十七年（1901）明令各省开办学堂，光绪三十一年（1905）废除科举考试，同时鼓励发展工商业、筹办工厂、开展市政建设。光绪三十二年（1906），清政府拓修正阳门至永定门一段马路，将原有石道更换成碎石路面。北洋政府建立后，于1914年成立京都市政公所，开辟"模范市区"（又名"新市区"）。据《京都市政汇览》记载："公所因之益觉模范市区难置缓图。当查看香厂地区虽偏处西南，而自前朝之季已为新政游观之区，一时士女骈集，较之厂甸或且过之，且可验位置之适宜，人心之趋向，遂于民国三年（1914）悉心计划着手进行。"在这种情况下，香厂路一带的地理空间就成为开发"新市区"

的钟情之所。于是这一地区先后开辟纵横经纬十四条马路，且土地招商投标承租。一时租地盖房者甚为踊跃，建筑了很多西式楼房，并在万明路与香厂路交叉路口的圆盘中心设立北京最早的交通警察岗和电灯柱，彰显都市现代风采。

譬如香厂路地段的万明路从北到南东西两侧修建的多幢西洋式二层建筑，是1914年京都市政公所招商引资，推行现代城市规划"新市区"的重要建筑遗存，大多是由外国建筑师设计的商住楼。这些楼都是二层砖木结构，平券门窗多加壁柱。上为木桁架仰合瓦顶，前加檐口女儿墙。楼梯在店内，底层为商店，二层为辅助用房。万明路北口路西的商住楼平面呈凹形，临街二层又挑出了阳台，阳台下牛腿呈倒梯形，线脚细致，上面的图形富有西洋韵律的变化，呈现出西洋古典建筑特点。这组建筑的最北端曾是京城"八大楼"之一的新丰楼饭庄。新丰楼饭庄以经营"油爆肚丝""饽饽烤鸭""杏仁元宵"和"素面汤"驰名京师，是清末民国初年有名的新式山东菜馆。它的"干蒸点""面糟呈鸭肝""乌鱼蛋""油淋鸡""糟蒸鸭子"等素负盛名。特别是它的"白菜烧紫鲍"堪称京城里的一绝（制作时选用优质的小紫鲍，旺火蒸煮后，打成花衣刀，选用白菜心，用吊汤扒制而成。味香菜鲜颜色亮，口感嫩润，别有风味）。今天天桥剧场前的广场就是模仿当年的香厂路中央广场修建的，20世纪20年代，时任北洋政府教育部社会教育司第一科科长的鲁迅先生，也常常光顾新丰楼饭庄。东西方文化在这里彼此交融并发展成为古都北京的城市格局的历史新面貌。

北京作为明清两朝的国都，五百年间城市规模并未发生重大改变，整座城市是以中国传统城市规划思想为指导修建的。清朝末年，由于清政府衰落和八国联军入侵，北京城市设施损坏严重，社会秩序混乱，市政管理机构和市政建设都不完善。京都市政公所通过对城市道路、交通、电力、给排水设施的建设，加强市政管理，北京逐渐从封建王朝的帝都转变成为近代化的大都市。北京城市近代化过程中最明显的标志是规划香厂路新市区。京都市政公所选定香厂路地区作为城市改造的示范区域，并将香厂路新市区规划经验推广到整个城市改造中。

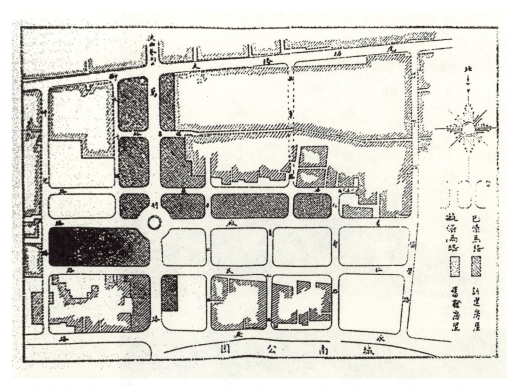

香厂新开街市平面图

香厂新开街市建设旧影

香厂路街景旧影

香厂路旧仁和诊疗所现状

　　清末民国初年北京社会文化出现新的发展，京都市政公所开辟香厂路新市区也是顺应当时社会文化发展的需要。晚清时期，封建势力逐渐衰落，封建礼制体系走向崩溃。经历了晚清的洋务运动和戊戌变法，公众对于西方近代科学和社会思想逐渐有所了解。北京这座古老城市出现了西洋式的建筑和街区，外国人在北京兴建许多西洋风格的近代建筑。建设近代都市应该增加城市的美感，城市美感对于人们的

东方饭店旧影

东方饭店现状

道德和健康是有益的，这是广大市民对于生活环境改善的美好愿望。
京都市政公所决定开辟香厂路新市区也是社会文化和思想开放推动的
结果。

　　北京由明清两代封建王朝的都城逐步向近代化城市转变，旧时以
皇宫为中心的城市空间结构也随之打破。自八国联军入侵之后，北京
道路受到严重破坏，城市交通秩序混乱，城市排水系统年久失修，城

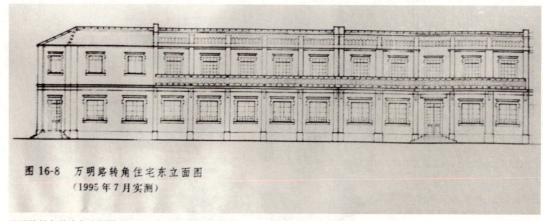

图 16-8　万明路转角住宅东立面图
（1995 年 7 月实测）

万明路转角住宅东立面图

万明路街景旧影

万明路东侧旧影

外河道和城内沟渠大多淤塞。环境卫生状况糟糕，市民缺乏基本的医疗保障。城市缺少公共空间，商业发展也受到严重制约。市政基础设施大多处于缺乏必要维护的状态，满目疮痍，百废待兴。时任政府内务总长与交通总长的朱启钤兼任京都市政公所督办，代表中央政府表现出对北京市政的关切。近代市政观念来自西方，市政管理的基础是地方自治。明清时期北京市政建设由工部直接进行管理，地方政府没有管理市政的权力，也没有设立负责市政规划管理的专门机构。民国成立之后，国体发生巨大变化，中央政府逐渐推行地方自治。然而关于地方自治的相关法令尚未颁行，地方自治的团体尚未建立，面对北京众多亟待解决的市政问题，市政公所对北京进行城市改造困难重重。况且对于刚刚成立的中华民国临时政府而言，北京为全国政治中心，对各地方省市具有重大影响。解决城市交通问题需要开通新的道路，难免会出现房屋拆迁的问题，影响市民生活。在城市改造的过程中，也会出现豪强兼并房屋土地、公私资产归属不清的问题，影响到官员、富商的利益。这些都需要市政公所进行有效的沟通才能解决。市政计划的实施，面临来自官员、商人和民众的多方面压力。京都市政公所成立之后，身为政府官员的朱启钤督导改造北京城市环境，首先打通正阳门瓮城，使京奉铁路、京汉铁路能够进入城内，使前门地区成为北京内外交通的枢纽。这些有力且有利的措施不仅改善了北京城市交通状况，而且促进了前门大栅栏地区的商业与生活繁荣兴旺。在京都市政公所的管理下，北京城市近代化改造有序进行，城市交通和环境大为改观，北京的市政管理呈现一派欣欣向荣的景象。市政公所开辟香厂新市区是北京城市近代化发展的必然结果。

北京香厂路地区的历史情状

民国初年，京都市政公所建设香厂新市区也是由香厂路地区的社会经济文化特点决定的。当时的京城仍然保持着明清故城的格局而缺少近代化大都市的气息。城市街道狭窄，沟渠阻塞，建筑密集，人口密度大，亟须重新规划改造。随着外来人口迁入，北京城人口日益增加，市政基础设施已经不能适应城市发展的需要。京都市政公所旨在振兴新都市，建设新的市政设施，改善城市环境和卫生状况。同时，市政公所还希望能够繁荣北京商业，扩大市政收入来源，保证市政公所都市改造计划的实施。当时北京城市规模庞大，人口超过一百万，市政建设工程纷繁复杂，短时间内城市改造计划很难全面展开。市政公所准备在内城与外城各选定一个区域作为北京城市改造的试点。如果试点区域改造顺利，则把成功改造的经验推广到整个北京城。京都市政公所选定香厂路地区为外城改造试点区域，主要是因为香厂路地区紧邻前门大栅栏和天桥商业繁华地区，且在清末曾经举办过大型庙会，具备发展商业的潜力。1914—1915 年期间，在内务总长兼任交通总长朱启钤的规划与管理指导下，京都市政公所完成了对正阳门瓮城的改造工程，打通了北京东西城与内外城的连接点，改善了城市交通状况。京奉铁路和京汉铁路都可以直达正阳门，来自全国各地的货物和旅客都汇聚在正阳门一带，为前门大栅栏的商业繁荣提供了交通保障。香厂路地区与大栅栏地区南端相接，市政公所希望开前门以利交通，辟香厂路地区以振商业，通过一系列城市改造活动，扩大外城商业区，促进商业繁荣。香厂路地区以东为天桥地区，民国初年天桥地区的商业和娱乐业得到很大发展，也出现了很多新兴商铺和供娱乐的戏台与场馆。根据《顺天时报丛谈》记载：

> 天桥在正阳门和永定门之间，有桥无水，地处极高，相传为北京平原之最高处。桥仅三梁，石栏四，两旁原有矮棚，久已倾圮。至民国又复重修，戏棚甚多，在东则率多布摊及旧货摊、估衣棚，北连草市，东至金鱼池。善于谋生之经济家，每年多取材于此。至其西面，则较东为繁盛，戏棚、落子馆（即坤书馆）为多，售卖货物者殊尠。民国三、四年间建有水心亭，亦颇有清凉之致，现已改修。其北建有天桥市场，内多酒饭店、茶馆之属，其他营业总难持久，颇呈寥落状况。惟此处收买当票及占算星命者异常之多，亦殊为市场中之特色。天桥迤西，先农坛以东，今日已成最繁盛之区域，且自电车路兴修以后，天桥之电车站，更为东西两路之总汇，交通便利，游人益繁。自水心亭停业后，该地基已为某资本家取得所有权，现已平垫地基，鸠工运料，行将为大规模之建筑，是该处将必有最大娱乐场。即现在该处所有戏棚，已有五六处之多，落子馆亦称是，茶肆酒馆尤所在多有。该处有福海居者，俗所谓王八茶馆是也，系年代最久之茶馆，至今犹依然存在，亦该处之陈迹也。由此迤西，沿途均为市肆，茶馆为最多，饭铺次之，杂耍场与售卖货摊亦排列而下，洵为繁夥之市廛。

天桥地区的茶馆、酒饭店众多，戏园、落子馆等娱乐设施发达，游人如织，是外城一处热闹地方。香厂路地区临近前门大栅栏和天桥，在这两大商业娱乐区的影响下，香厂地区凭借良好的地理位置，游人日渐增多，具备开辟为新兴商场娱乐区的地理条件。同时，香厂路地区拥有大量空地，相对于改造其他建筑众多的地区更为便利，避免了改造产生的大量拆迁问题。但由于市政设施缺乏和环境卫生不佳，香厂路地区不能得到充分开发利用，环境亟须规划治理。针对香厂路地区这一环境特点可以通过建设市政设施，疏浚沟渠，改善排水系统，填平洼地，从根本上消除夏季雨水淤积的现象，使香厂路地区全年都可以进行商业活动。

1914 年，时任中华民国政府内务总长兼任交通总长的朱启钤决定并指示京都市政公所在充分调查研究的基础上周密筹划制定实施方案，选定香厂路地区为北京外城市区整理点，对香厂地区进行环境改造，开辟外城新的模范商业市场及人居环境，以改善北京城市面貌和振兴商业发展。当时市政公所对香厂新市区规划的总体目标定位是：

> 旧日都市沿袭既久，阛阓骈繁，多历年所。而欲开辟市区以为全市模范，改作匪易，整理亦难。则惟有选择相当之地，以资展拓。使马路错综，若何修筑市房，建造若何规定，以及市肆品物、公共卫生，无不力求完备。垂示模型，俾市民观感，仿是程式，渐次推行，不数年间，得使首都气象有整齐划一之观。市阛规模具振刷日新之象，亦觇国之要务，岂仅昭美观瞻已也……遂于民国三年，悉心计划，着手进行。计南抵先农坛，北至虎坊桥大街，西达虎坊路，东尽留学路。区为十四路，经纬纵横，各建马路，络绎兴修，以利交通。其区内旧有街道尚未整理者，则分年赓续行之。路旁基地，编列号次，招商租领。凡有建筑，规定年限，限制程式，以示美观。[1]

京都市政公所将对香厂路地区进行通盘规划，统筹兼顾建设市政基础设施，招商引资，发展商业贸易，着手推动整个北京城市的近代化建设进程。香厂新市区规划作为北京城市近代化的试点工程，具有

---

[1] 京都市政公所：《京都市政汇览》，1919。

重要的示范作用和创新意义，不仅仅是改变城市面貌以求美观，更是要改变城市建设和管理模式，打造新的城市管理体系，并且推广到北京全部城区，垂范全国城市近代化改造建设。

香厂新市区规划不仅仅是北京一地的城市改造示范工程，更是全国城市近代化改造的试点工程，对于推动中国城市的建设和发展，具有里程碑的意义。民国初年北京香厂新市区规划的产生，是多种因素作用下的结果。首先香厂新市区规划是在社会经济发展的推动下产生的，顺应了社会文化发展的潮流，其次香厂规划也符合北京城市近代化发展的要求，体现了新的市政机构组织管理城市建设的职能和市政发展的要求，同时香厂新市区具备的独特优势也是市政公所选定这一地区进行城市改造试点的原因。北京香厂新市区是民国初年北京城市近代化改造的标志，反映了北京城市近代化的发展进程，是时任内务总长兼任交通总长的朱启铃统率下京都市政公所同人为北京城市迈向近现代化建设发展道路所实施的重要实践举措。

北京香厂路地区的现代保护与开发利用

1914 年改造建设的香厂新市区首次引入西方城市建设建筑及城市管理理念，并以"新""奇""特"而垂范于京城其他社区，是北京当时的 CBD。自 20 世纪 30 年代伊始，随着京城的政治、经济、文化的变化以及人口的迁移，昔日香厂新市区的繁华不再，该区域的城市建筑风貌遭到严重破坏。当年与上海大世界齐名的新世界商场旁边的百年东方饭店是北京第一座由中国人投资建设、自主经营的高档饭店，现今依然仁立，仍留有些许民国风貌。但北京香厂路地区的新世界商场、仁民医院以及中心广场在 20 世纪 80 年代被拆除后已消失殆尽。

在仁寿路与香厂路交叉口有一座破旧不堪的灰色二层楼，这里曾是当年北京城有名的弄堂式住宅小区泰安里，与附近的华康里，是当年北京唯一采用上海里弄石库门样式的两栋建筑。泰安里由 6 栋格局和构造相同的二层楼组成，中间有一条小巷分开。据市政规划部门统计，香厂路地区现存类似泰安里、华康里的民国时期建筑共 10 处，

新世界商场旧影

城南游艺园四面钟旧影

包括区级文物保护单位 2 处、普查登记在册文物 2 处、未登录历史建筑 6 处。未来将对街区建筑进行价值评估，建议维持现有不可移动文物数量不变，通过认定历史建筑、传统风貌建筑、历史街巷等方式扩充保护对象，进一步挖掘该地区的物质与非物质文化遗产。整个街区以低层、多层建筑为主，不再兴建高层建筑，以沿主要道路建筑风格修建西洋式建筑为主。不可移动文物将按照《中华人民共和国文物保护法》要求实施保护，历史建筑将保持建筑历史立面及历史构件，传统风貌建筑将控制建筑体量及院落格局，道路改造保持历史原有的宽度与样式。原有的香厂新市区共有 12 条道路，目前有 9 条路基本上保留了之前的历史面貌。建设与规划部门建议保留现有道路格局，控制历史街巷的街廓空间。对于重要历史道路，例如香厂路、万明路将控制沿街建筑风貌及体量，保持现有路的样式及宽度，控制沿街建筑退线，一般历史道路保持现有路板样式及宽度，控制沿街建筑退线。在保持历史街道空间方面，可通过局部整治或织补恢复街廓形态与尺度，塑造具有历史记忆的街道空间。例如，在处理万明路 110 千伏变电站时，可将建筑恢复到历史位置，并对现代风貌的变电站进行遮挡。

香厂路地区街区总建筑面积为 17.5 万平方米，居住用地占 50%，

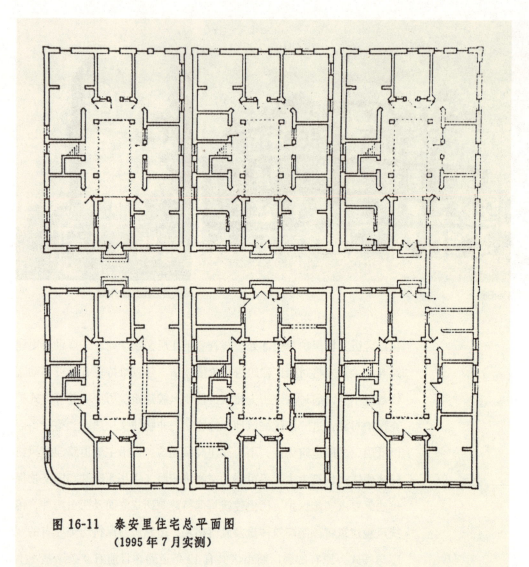

图 16-11　泰安里住宅总平面图
（1995 年 7 月实测）

泰安里住宅区总平面图

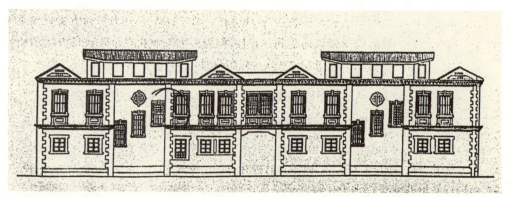

泰安里住宅区西平面图

泰安里住宅区现状

华康里住宅区现状

现有居住人数达到数万人之众。建设与规划部门建议最大限度保持原有建筑的空间形态，放宽对日照间距的审批要求，通过内部平面的调整及配套设施的增设改善使用环境。例如棚户区地块维持原有临街建筑形态，允许地块内增加层数，通过建筑平面的调整、地下空间的利用，增加居住使用面积，增加必要的配套设施。建设与规划部门还表示，根据初步的可行性方案，建议了解历史建筑内现有住户的情况，为未来开展的保护工作做好基础调研。同时，结合历史价值与现实功能，以及联系周边的大栅栏传统商业区、天桥演艺区、金融街南扩区来思考未来香厂地区的功能定位，探讨符合现代生活形态的历史建筑保护与合理利用的方式。首都规划建设委员会专家王世仁表示，香厂新市区规划首先要设立 3 至 5 公顷的风貌复兴区，以原有的中心广场为核心区，再向外分别设置延续区和协调区。政府应该单辟出 3 至 5 公顷作为安置房用地。对于街区的恢复保护，首先应该融入人民的现代生活和城市发展，充分发掘区域的文化价值和使用价值，要避免出现因文物保护致使城市脏乱差的问题。香厂新市区的近现代化尝试为新文化运动提供了物质及精神层面的条件，在此曾发生多起著名历史事件，诸如直奉战争期间鲁迅曾在东方饭店避难，并在此期间撰写著名杂文《记念刘和珍君》。李大钊、蔡元培、胡适、邵飘萍、林语堂、张学良等人也都在东方饭店居住生活过。2013 年 10 月，为贯彻中央对北京历史文化名城保护提出的新要求，北京市历史文化名城保护委员会组织市、区政府相关部门对香厂地区进行了现场踏勘，组织专题论坛，对该地区历史建筑的文化价值及其历史意义达成共识，建议扩充为保护对象不可移动文物的有泰安里、东方饭店、板章路商住楼、华康里历史建筑、万明路沿线 4 处商住楼、香厂路商住楼、仁寿路商住楼传统风貌建筑，位于区域东北部的平房区待认定的历史街巷有香厂路、万明路、板章路、仁寿路、华仁路、大川路、留学路、阡儿胡同、大保吉巷等。西城区虎坊桥路口东南侧大保吉巷有一块面积约 22 公顷的区域，即民国初年的"大悦城"，这里吃喝玩乐全有，当年是提供高档消费的娱乐场所，故在其建成之后就被称为"大悦城"。

结　语

　　值得庆幸的是，百年北京香厂路新文化生活区经过一个世纪的风雨洗礼之后没有被遗忘。北京市政府和相关部门已召集专家研讨，将香厂路区域划定为北京历史文化街区，针对香厂新市区制定初步保护、改建方案，开启历史建筑保护工作。遗憾的是曾经的标志性建筑——新世界商场、仁民医院都在 20 世纪 80 年代被拆毁，一起消失的还有万明路和香厂路交叉口处的中心广场。东方饭店成为香厂地区仅存的保存原有名称和业态的民国公共建筑。因此方案考虑尊重曾有和现有的生活形态和方式，加强对建筑遗存及街廊空间的保护，使该

香厂考察人员合影（前排左起：崔勇、殷力欣、金磊、韩振平；后排左起：李玮、董晨曦、季也清、郭颖、苗淼、李沉）

地区不再兴建高层建筑，临街建筑要以原有的西洋式建筑风格为主，保持香厂路地区重要历史道路现有路况，沿街的建筑退线也要恢复到历史应有的位置，将完整保留重要历史建筑并恢复建筑历史外观及细部，在内部植入新功能。允许在不影响整体形态的基础上对传统风貌建筑进行适当加建与变形，允许适度利用地下空间。初步保护、改建方案的提出将改善人居环境，最大限度保持原有建筑的空间形态，放宽对日照间距的审批要求。棚户区地块将维持原有临街建筑的形态，允许地块内部增加层数。为历史建筑增加必要的现代设备配套设施。民国时期的香厂新市区西至虎坊路，东至留学路，北至珠市口西，南抵先农坛北墙，东西约800米，南北约370米。老北京话说北京的南城是"土得掉渣儿，洋得冒尖儿"，前半句说的是老北京城南的贫穷与落魄，后半句说的就是香厂路地区"新市区"的繁华洋气。作为古城，北京的古迹自然不在少数，但是香厂路地区曾经的"新市区"似乎不应被人所忽略遗忘。《中国建筑文化遗产》编辑部文化考察组矢志于记载历史建筑保护与传承及更生发展之实绩。

附录三

陈明达先生访谈录[1]
（节选）

访谈主题：中国营造学社史及学社成员的学术历程

访谈时间：1987 年春

访谈地点：陈明达居所

访谈者：天津大学建筑系硕士研究生贺薇、本科生林铮等

录音整理者：殷力欣、成丽

注释：殷力欣

壹　中国营造学社的第一阶段
（筹备至成立之初，1919—1931 年）

访谈者：您能谈谈中国营造学社（以下简称"营造学社"）的创始人朱启钤先生吗？

陈明达：在民国初期的政府（史称"北洋政府"）里面，朱先生是内务部总长，还曾短期代理国务总理。他管的事情范围相当广，今天属于建设部的事情，在他那个时代也是属于内务部的。更早一点，

---

[1] 陈明达（1914—1997），湖南祁阳人，杰出的建筑历史学家。1932 年加入中国营造学社，后任中国建筑技术研究院研究员。本文选自《陈明达全集》第 9 卷，系天津大学王其亨教授安排学生对当时还健在的陈明达先生所作口述学术史录音采访，先后由殷力欣、成丽整理成文。因其中涉及朱启钤先生事迹颇多，特节选相关章节收录本书，作为研究朱启钤先生生平及历史贡献之参考资料。

在晚清时期，朱桂老曾是负责北京城改造建设的清廷官吏，大概从那时起，他对建筑就很有兴趣，也很用功，涉及建筑问题的国内外书籍看了不少。

访谈者： 他原来不是搞建筑的，他是干什么的呀？就像您刚才说的那样，他好像还开过煤矿吧？

陈明达： 他搞了好几个工业项目呢。他搞煤矿，唐山的水泥厂也有他的股份，轻工业方面也搞了不少，同时也是那些企业的股东。比较来说，他是个富人，所以有力量个人拿钱出来办这么一个单位——中国营造学社。他有经济基础，自己是一些企业的股东，同时他的朋友也都是这方面的人，搞经济的人多，尤其是在银行界有不少朋友。营造学社在经济方面能维持下去，就是因为有这些关系。

起初的时候，大概 1920 年前后，他就发起创建这个单位了（朱先生在 1919 年发现了宋代的《营

朱启钤先生 1919 年发现并于 1920 年重新刊行之丁本《营造法式》

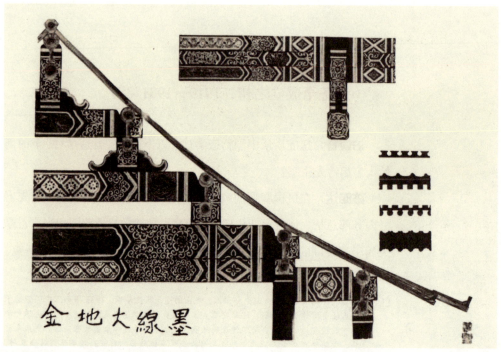

营造学社筹备阶段聘请匠师所绘传统建筑图样

营造学社筹备阶段聘请匠师绘制的建筑彩画图样

与老工匠商讨后制作的斗栱模型

造法式》，这更加激发了他在古建筑上追本溯源的兴趣），不过没有正式挂牌。正式挂牌的时间我都记不清了，好像是 1929 年。你可以查一查《中国营造学社汇刊》，都查得出来。

朱先生那时住在北京东城宝珠子胡同，最初就在他自己家里面腾出几间房子，作为学社的办公室。开始的时候，他找了一些对中国古代典籍比较清楚的人，那些人古代历史方面的书看得多，比较了解建筑方面的掌故，比如现在很有名气的单士元先生[1]。单士元的本职是搞档案，建筑方面有些文献也要去查档案——每一个朝代有些什么建筑活动等等，从史书上都可以查出来，所以他曾作《明代建筑大事年表》和《清代建筑大事年表》，但在建筑技术方面他并不清楚（至少在当时是这样）。最初是一方面找了一些这样的人，专门查阅古代典籍；另外还找了一批水平高的做具体工作的工匠，有木匠、彩画匠等，各种行当的都有。这些人技术高，但文化水平低，写文章是不行的。比如搞彩画的人，就请他们来画彩画——某一个时期有多少种彩画，都在纸上画出样子来；找来的木匠也是画图，画屋房架、斗栱等等。这个工作持续得相当长，最初进行了五六年（那时候我们都还没有来呢），画图不少，（手比画着说）这么大的一卷，有几百卷，用一个大柜子装着——这就给后来研究古代建筑打下了一个基础。这些工人岁数都比较大，技术也高，但是不管岁数多大，所知道的也就是清代的东西，再早的他也没法知道。所以，我们一开始接触到的古建筑资料，主要是研究明代、清代建筑的基础资料。这个工作一直做到九一八事变那一年。

营造学社有几个阶段，刚才说的是第一个阶段，就是我刚才讲的，朱先生历来对古建筑感兴趣，所闻所见都是明清两代的东西，1919 年发现了《营造法式》，越发想在建筑方面追本溯源了，以后就找了一些人在他家里面，有的画建筑图（用传统的方法），有的查古书。在我们的古籍里面找出《营造法式》来，差不多是这个阶段

---

[1] 单士元（1907—1998），文物专家。1933 年毕业于北京大学研究所国学门，历任故宫博物院办事员、科员、编纂、研究员、副院长，1931—1937 年在中国营造学社文献组任编纂。

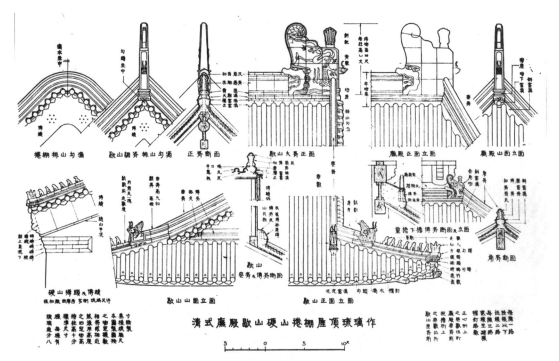

清式廡殿歇山硬山捲棚屋顶琉璃作

梁思成入学社后用新方法绘制的《清式庑殿歇山硬山卷棚屋顶琉璃作》图

（1919—1931 年）工作最大的收获。在此之前，甚至不知道《营造法式》还存在，以为没有了呢。

营造学社正式挂牌是 1929 年，实际上在正式挂牌之前，已经工作好几年了。

贰　中国营造学社的第二阶段
（1931—1937 年）

访谈者：那么，第二阶段从 1931 年算起？

陈明达：大概在 1931 年九一八事变后不久，梁思成先生来了，这可以看作学社第二阶段的开始。

在那以前，梁思成在美国学建筑，他的父亲是梁启超，而梁启超和朱先生是很好的朋友。朱先生发现《营造法式》后，就把它翻印了，最初是石印的，后来重新刻版又印，印得很讲究。他知道梁启超有个儿子在美国学建筑，就特别送给他一部书，叫他给梁思成寄去了。从那个时候起，梁先生就对中国建筑发生了兴趣。但是他回国以后，就被张学良的父亲张作霖请到东北了，那里有个东北大学，请他去创办建筑系。到了"九一八"以后，那些人都进了关，朱先生就把他请到营造学社来了。[1]

第二个阶段，可以说是梁思成先生为学社带来了新的工作方法。梁公大致的看法是，原来搜集的建筑资料，以文献上的记载资料居多，而那些木匠师傅的画图呢，和现代的科学的制图方法有很大的差别，很不精确，要用现代的、新的方法把图都画出来、补出来。

那时有两个同样性质的工作，一个是整理清代留下的清工部《工程做法》，另一个是整理宋代的《营造法式》。先说第一个。

《工程做法》主要讲二十七种具体的建筑，学社的工作就是把书里所说的二十七种建筑都用现代的制图方法画出图来。这个工作一直做到 1937 年七七事变，差不多做了一半，也可以说是三分之二——从二十七个数字上来算，有一半，而从质量上说呢，重要的、复杂的基本上都做了，所以可以说完成了三分之二。七七事变使这项工作搁置下了。这是一个工作，比起第二个工作——研究《营造法式》，同样是研究古书，但研究清工部《工程做法》比较容易，为什么说比较容易呢，因为那些老师傅还在。

访谈者： 因为老师傅们还能做出来？

陈明达： 他们不但画出图来（尽管用的是旧办法），梁公来了以后还建议做模型，他们也都能做出来。一开始做了不少模型。我们现在知道清代的建筑，可以不费力气地说出什么叫斗栱，什么叫斗，什么叫栱，有多少斗栱，栱是多长，等等，都是拜那时候的工作所赐。那时候就把老师傅请来，请他对着实物或图讲解；或者是请老师傅跟我们一起走，到故宫里去，到了哪个殿，让他指着说，这个是什么、是怎么回事，那个是什么、是怎么回事，这样就很容易让我们明白明清的建筑，至少首先把表面的问题搞清楚了。至少来说，这是瓜栱，那是慢栱，这是什么栱，等等，都弄明白了。要不然，仅仅看《工程

---

[1] 此处口述者可能记忆有误。另据林洙等人的回忆，梁思成辞东北大学教职返回北京，应在九一八事变之前。但梁思成在营造学社任职的时间，却是在九一八事变之后。

做法》上写的，往往跟具体的东西对不上号。没有这些老师傅，你自己去找，很难。所以，第一个工作不算很费劲。

第二个工作就是要把《营造法式》里所说的东西都了解清楚。这就很费劲了，直到现在也还没解决——找不到宋代的老师傅呀，清代的老师傅也都不知道宋代的事呀！这就只能靠我们自己去找了。找到古代的建筑实物，去测量，很仔细地测量，回来以后根据测量的结果，画出图来，再翻开《营造法式》，一条一条地去对，哪一条核对上了，就算是初步解决了一个问题——知道这个东西就是《营造法式》里头所说的什么东西，它应当是多长、多大、多高。实质上就是做这个工作。表面上看，就变成了每年出外调查测量，到外头去找这些具体的建筑实例，找到以后作测量，回来画图，具体的工作就是这么一个，表面上看就是这么个形式的工作。从梁先生来学社以后，就开始每年出去两次，调查测量古建筑，回来画图，对照着研究《营造法式》——这时期主要的工作就是这个。

梁思成先生来营造学社工作不久，刘敦桢先生也来社工作了。刘敦桢先生名义上是文献部主任，但那时他的工作重点同样是外出调查实例，这也说明了那时学社的主要工作是古建筑实例调查。[1]

---

[1] 关于1931至1937年的中国营造学社古建筑调查工作，可参阅《中国营造学社汇刊》第三至第七卷所刊如下文章：梁思成《蓟县独乐寺观音阁山门考》（第三卷第二期），梁思成《蓟县观音寺白塔记》（第三卷第二期），刘敦桢《北平智化寺如来殿调查记》（第三卷第三期），梁思成《宝坻县广济寺三大士殿》（第三卷第四期），梁思成、林徽因《平郊建筑杂录》（第三卷第四期），刘敦桢《万年桥述略》（第四卷第一期），梁思成《正定调查纪略》（第四卷第二期），梁思成、刘敦桢《大同古建筑调查报告》（第四卷第三、四期），梁思成《赵县大石桥》（第五卷第一期），刘敦桢《石轴柱桥述要（西安瀾沪丰三桥）》（第五卷第一期），刘敦桢《定兴县北齐石柱》（第五卷第二期），梁思成、林徽因《晋汾古建筑预查纪略》（第五卷第三期），刘敦桢《易县清西陵》（第五卷第三期），刘敦桢《河北省西部古建筑调查纪略》（第五卷第四期），刘敦桢《北平护国寺残迹》（第六卷第二期），刘敦桢《苏州古建筑调查记》（第六卷第三期），刘敦桢《河南省北部古建筑调查记》（第六卷第四期），梁思成《记五台山佛光寺建筑》（第七卷第一期），梁思成《记五台山佛光寺建筑（续）》（第七卷第二期），莫宗江《山西榆次永寿寺雨花宫》（第七卷第二期）。

叁　抗日战争与中国营造学社的第三阶段

（1938—1946 年）

访谈者： 按照您的思路，想必学社的第三阶段是从抗日战争全面爆发之后算起的？

陈明达： 是的，这个阶段可以说是营造学社的第三个阶段。如果从七七卢沟桥事变（1937 年 7 月 7 日）算起，到 1938 年夏天在昆明复社，我们的工作中断了整整一年。

访谈者： 能否详细谈谈这第三个阶段的情况？

陈明达： 全面抗战了，深陷敌占区的北京，各方的资助经费中断了。再说，中国营造学社的主要职员都是心存抗战救国意愿的，不情愿滞留在沦陷区。而且，学社里搞技术工作的以南方人为多——梁思成、莫宗江是广东人，刘敦桢、麦俨曾和我是湖南人，很想先回到故乡再做打算[1]。学社的东北人刘致平先生[2]则是东北老家回不去了，北京也被日本占了，更不愿意留在北京。赵正之[3]也是东北人，滞留北京了，据说因为他是地下党，要坚持地下抗敌活动。我是 1937年 10 月离开北京的。最晚到第二年春季，学社的大部分人就都走了。到了南方以后，梁先生跟当时国民政府教育部的人联系（好像是朱家骅[4]），得到答复：学社可以继续得到教育部的补助。于是梁先生就写信通知我们，慢慢地又集中起来。但联系上的只有四个人——大刘公、老莫、刘致平和我。1937 年 12 月南京也沦陷了，南京的大部分

---

[1] 莫宗江（1916—1999），广东新会人，著名建筑史学家。1931—1946 年在中国营造学社任绘图生、研究生、副研究员，后任清华大学建筑系教授。中国美术家协会会员、中国建筑学会建筑史分会副主任。
麦俨曾，生卒年不详，毕业于北平大学艺术专科学院建筑系，1934—1937 年在中国营造学社任绘图生、研究生。

[2] 刘致平（1909—1995），字果道，辽宁铁岭人，著名建筑史学家。曾任中国营造学社法式部助理、研究员，清华大学建筑系教授、中国建筑科学研究院建筑历史研究所研究员。著有《中国建筑类型及结构》《中国居住建筑简史——城市、住宅、园林》《中国伊斯兰建筑》等。

[3] 赵法参（1906—1962），字正之，吉林梨树人，1934—1937 年任中国营造学社绘图生、研究生，后任清华大学建筑系教授。

[4] 朱家骅（1893—1963），字骝先，中国近代教育家、科学家、政治家，中国近代地质学奠基人之一。因 1931 年任中英庚款董事会董事长，故与中国营造学社有密切来往。

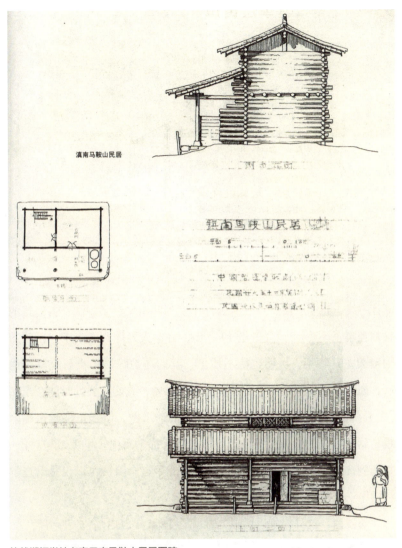

滇南马鞍山民居

抗战期间学社考察云南马鞍山民居图稿

单位也往大后方撤，中央研究院史语所（也就是现在的考古所的前身）准备往云南搬。史语所跟梁公很熟，大部分人都是留美的，而且他们是个大单位，而我们仅仅是五个人（梁思成、刘敦桢、刘致平、莫宗江、陈明达），不成一个单位，跟史语所他们一起有很多方便，尤其是他们有一个很好的图书馆，所以我们就决心跟着他们走，一起到了云南昆明。

到昆明已是 1938 年夏季了，不久就开始工作了。我们出去调查了几次，差不多是把云南古建筑较集中、重要的地方（昆明、大理、

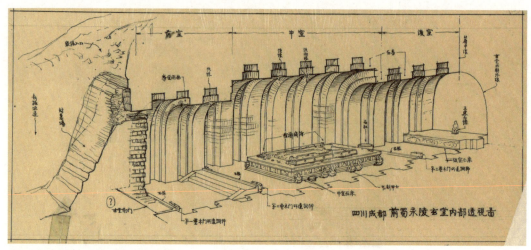

抗战期间莫宗江所绘成都前蜀王建墓图

丽江一线）走了一圈，然后从云南出发到四川又走了一圈，古建筑的材料搜集了不少。[1]大概是 1940 年，日本人轰炸到云南了，昆明遭到空袭尤其频繁，昆明也待不住了，我们还是跟着中央研究院史语所，搬到了四川宜宾李庄。抗日战争的时候，我们主要的时间在李庄（在云南的时间是两年左右），工作还是继续做，但是条件越来越困难，到了后来出去调查都不行了（连旅费都拿不出来了），就这样一直拖到抗战胜利后的 1946 年。[2]抗日战争这个阶段可以说是营造学社的第三个阶段。

访谈者： 抗日战争以后呢，也就是 1946 年以后呢？

陈明达： 抗战胜利以后，梁先生是清华出身，清华请他去创办建筑系，他就带着几个人到清华去了。刘敦桢先生原来是中央大学建筑系的教授，后来在李庄实在是经济上维持不了，他就回中央大学了

[1] 参阅刘敦桢：《昆明附近古建筑调查日记》《云南西北部古建筑调查日记》《川、康古建筑调查日记》，载《刘敦桢全集》第三卷，中国建筑工业出版社，2007。

[2] 中国营造学社在抗日战争期间的工作，除上述刘敦桢、陈明达、莫宗江等作昆明、滇西北古建筑调查和刘敦桢、梁思成、陈明达、莫宗江等作川康古建筑调查外，梁思成撰写完成《中国建筑史》《图像中国建筑史》；陈明达参加中央博物院主持的彭山汉代崖墓考察，并撰写《崖墓建筑》；莫宗江参加中央博物院成都前蜀王建墓发掘考察；刘致平完成云南一颗印式民居、成都清真寺调查；莫宗江、卢绳、王世襄等完成宜宾旧州坝白塔、宋墓、李庄旋螺殿、李庄宋墓的调查。此外，学社与中央博物院合作绘制了一批古建筑模型图（现存 32 种共计 224 张，主要绘制者为陈明达、莫宗江和卢绳）。

（中央大学那时搬到重庆沙坪坝）。我是1943年离开那儿的，因为条件越来越困难，而我的家庭负担很重，还得另外去找工作。剩下的刘致平、莫先生还有在李庄招的一个学生叫罗哲文，梁公把他们带到清华了，营造学社就算到此结束了。

还有七七事变以后学社滞留北京的部分。那里的最后情况我不知道（我是1937年10月离开北京的），北京的营造学社的结束恐怕在那年年底了，所以情况我知道得不详细。我所知道的大致是这样：营造学社历年测量调查的材料（画成的图、还没来得及出版的书稿和一大批照片）还相当多，怎么办呢？梁、刘离开北京之前，就由朱先生与梁公、刘公共同商议决定，把这些资料整理好、包扎好，存放在天津麦加利银行里面的保险库里；还有一大批书放到朱先生家里了。梁公在抗战胜利回到北京以后，他先顾及的是清华大学建筑系那边的事，那时候对于新的政策了解得也不够，有些事情不清楚，也没办。解放军一进城就要各机关单位去登记（登记以后新政府就承认这个单位了），但中国营造学社忘了去登记（无论朱桂老或梁公、大刘公，都没有代表学社去交涉），所以也就没恢复。到现在二刘公（刘致平先生）对此还耿耿于怀："你们为什么不去登记？"那时候不熟悉这些东西，梁公忙着清华的事，朱先生已经有八十多了，岁数也大了，也顾不上了，所以无意之中这个单位就没有了。现在二刘公谈起这个问题来，他还在想营造学社有没有办法恢复。等到中国建筑科学研究院成立了，就更没有人谈这个事了。

存放在天津麦加利银行的那批研究成果，1939年天津发大水，银行仓库被淹了。水退以后，朱先生花了很大一笔钱，把那些东西弄出来，请人去整理，但是整理的结果很不理想：稿子乱七八糟，整理很费劲，有的需要裱一遍；稿子算是还有，而图都泡坏了，尤其是相片都泡坏了，剩下的是少数，也都残了、破了。幸存下来的这批资料，因为大都留有水泡过的渍迹，我们这个小圈子里称它作"水残资料"。水残资料连同原来放在朱先生家里的那些图书，后来都交给北京市文物整理委员会——也就是现在的文化部文物局的古代建筑保护研究所了。

李淑其（陈明达夫人）： 现在叫中国文物保护研究所[1]，在沙滩红楼，你晓得吧？现在的五四大街上，那一段老名字还叫沙滩。

陈明达： 残余的一部分资料还在这个所里。还有一部分，抗日战争中在云南、四川的成果，梁先生回北京后交给清华建筑系保管，据说在"文化大革命"中都被毁掉了[2]。"文化大革命"中的红卫兵实在是毫无道理，测绘图资料都拿去当垃圾倒了，有的烧了，还有那些照片都不行了，底片都坏了。

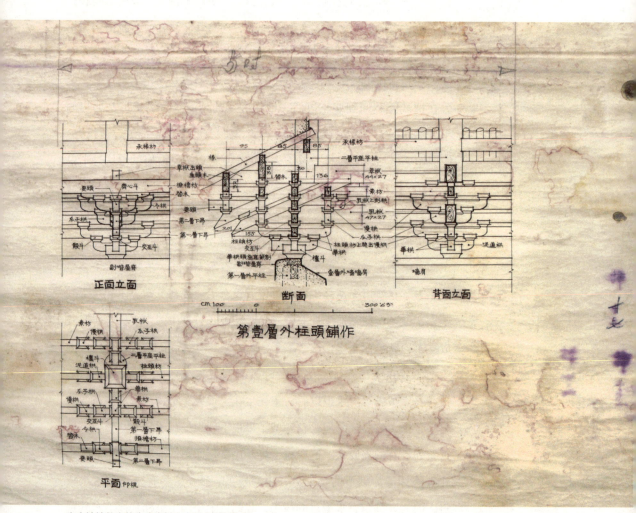

朱启钤抢救出的水残资料之应县木塔测绘图

---

[1] 今中国文化遗产研究院。

[2] 今查，还幸存一部分，保存在清华大学建筑学院资料室。

朱启钤抢救出的水残资料之应县木塔考察照片

肆　关于中国营造学社的人员构成

陈明达：刚才说到朱桂老在 1920 年左右就开始筹划营造学社了（发现宋《营造法式》之后不久），梁先生大概是 1931 年来的，刘敦桢先生是 1932 年到营造学社的。后来入社的人中，大概邵力工[1]是第一个……

访谈者：我这儿有《中国营造学社汇刊》上的名单，有邵力工这个人，他现在是否还健在？

陈明达：邵力工有八十多岁了，他岁数大，现在瘫痪了。还有一

---

[1] 邵力工（1904—1991），1925 年毕业于美国俄亥俄州立大学土木建筑工程系函授班。1932—1937 年任中国营造学社法式部助理，1964—1966 年任大庆油田指挥部总工程师。

位刘致平也瘫痪了，有七十八了吧。我今年七十三周岁。

访谈者：可是我看《中国营造学社汇刊》第一卷，是 1930 年出版的，那上面已经有梁思成等人了。

陈明达：你说的是汇刊第一卷的"本社职员名单"。这些人多数都是名义上的，都是朱先生邀请的，是名义上的，不能说是职员（相当于以后的社员），也没有工资，也不要每天来上班。到后面，第三卷、第四卷上面就分开了，职员是职员，社员是社员。社员里又分评议、校理、参校，不做具体工作，只有那几个职员是做具体工作的。职员基本上是搞技术的，梁先生带头，以下有邵力工、刘致平、莫先生、麦俨曾、赵正之（后来在清华教书）和我，办公就在进天安门西边的那一排房子，工作就是画图、测量，总共不到十个人，叫法式组；另有查阅古典文献的，是另外一组，叫文献组，大概六七个人，刘敦桢先生负责。不过，刘敦桢先生也做法式组的工作，而我同时也做文献组的工作，当刘敦桢先生的助手。那个时候除了文献组、法式组这两个组十几个人做具体的工作以外，全社还有一个很重要的人，名义上是会计，实际上也是秘书，也管人事，一个人什么都管。全社就是这些人，大概不到二十人。

访谈者：有一个问题，那时候学社的工作最终是谁决策呢？

陈明达：这个很简单，有什么问题就是朱老先生、梁先生和刘先生看了就定了，没有什么好说的。有什么事梁、刘两个人定了以后告诉朱先生，朱先生向来都是同意的。

访谈者：您当时入社的时候是不是还要履行什么手续？入社之前就喜欢建筑吗？

陈明达：没有那么复杂。老莫念中学的时候跟梁思静（梁先生的一个本家弟弟）是同学，梁公要找学生，梁思静就提起老莫。老莫来了，工作一段时间，成绩不错，梁先生就问还有没有条件差不多的人，于是我就来了。就这么简单。不是喜欢建筑，我们来以前根本不知道什么叫建筑，都没听说过。就知道有这么个地方，要找两个对画画有兴趣的学生，就是这么来的。

访谈者：您当时是在文献组还是法式组？

陈明达： 当时学社里没分得那么清。我是按绘图生招进来的，应该算是法式组，但因为有点旧家学根基，就安排给大刘公做助手。反过来，大刘公是文献组主任，但外出调查也是他的主要工作之一，他是与梁公一样的古建筑实例调查的带头人。或者说，在北京学社里，我听梁公指导多些，主要是测量、绘图方面的事；同时也听从大刘公的安排去查阅文献，通读《营造法式》，外出则跟随大刘公多些。另外，因外出调查跟大刘公多些，回来绘制调查建筑实例的测图、给大刘公写的调查报告画插图，自然也是我多些（给梁公文章配图，是老莫多一些）。

访谈者： 别人都是什么来历？

陈明达： 都有不同的来源。像邵力工、刘致平、麦俨曾，他们三个人是大学毕业，在建筑事务所工作了一年或者是更多一点的时间，听说梁公来了，也对这个工作有兴趣，就要求来，梁公就把他们调来了。第二个来源是东北大学建筑系的学生，"九一八"以后来到关内，也没有适当的工作，继续念书又没有条件，生活各方面都有问题，所以也来学社谋生。第三个来源，就是我和莫先生这种情况的。因为梁公感觉到人不够，想要找几个适当的、条件比较好一些的学生，自己慢慢培养。我们是学生，因家道中衰，念不起书了，中学毕业以后没升学，现在有这么个机会——继续求学还给工资，这当然是求之不得的了。后来给起一个名称叫"研究生"，就是这个意思。当然学社也有选择的条件，一般来说，要对艺术有爱好。莫宗江喜欢水彩画，水彩画很好，而我是画中国画的，曾师从齐白石老先生，念不起书的时候就是在家自己画的。来了以后，所谓学生实际上就是先做画图员。我和老莫以前虽然没有学过画图，但好像画图不是个很困难的东西，很快就比较熟练了。营造学社每一次出去测量，回来画图，差不多就是我们几个跟随着梁公、大刘公，把工作包下来了，一边学习一边工作。就是这样一个情况。

访谈者： 您和莫先生算是在学社边工作边继续学习？

陈明达： 是这样的。

访谈者： 能谈谈当时具体是怎么边工作边学习的吗？

陈明达： 刚开始的时候，老莫和我就是在古建筑测量现场拉皮尺、记数据什么的。这比较容易，只是熟悉一下工作环境，但图还是画不了，因为我们虽然对美术有兴趣，但是没学过画建筑图，水平还不够。现场测量后，我们旁观梁公绘图，他边绘图边向我们讲解，再以后就开始上图版了。另外，梁公要求（你看《中国营造学社汇刊》上面的图就看得出来）画一个建筑（比方说独乐寺观音阁），要把里面的雕塑也画出来。我们一开始的时候画这类造像就有困难了。比如说画宝坻县三大士殿，梁公只好说"你就把它空在那儿"，等我们把图画完了，他再把那些造像加上去。于是，梁公有机会就给我们想办法补上这一课。有一次一个美国有名的素描家（我现在忘了他的名字）到中国来，主要是要画点绘画作品，但除了画画以外，他也得想法有点收入，维持在这儿的生活，他就开夜班招学生，专教素描。梁公就介绍我们跟他学，每天晚上去，学费都由学社给，帮助我们进步。学社有很多好条件。学社有暑假，一共是四个星期。四个星期的暑假是一半一半——两个星期是整天的，有四个星期是半天的，加起来是整整的四个星期。设半天假是要大家轮班，要不然都是全天的假，学社就没人了。朱先生、梁先生、刘先生他们有时候会到北戴河去过暑假。到1936年，也应当让我们出去，但都去北戴河不行，经费不够，就让我们自己找地方——反正学社给过暑假的费用。我们就找北京附近的地方（那时候北京避暑的地方很多，都是外国人开辟的），在西郊法海寺过暑假，同时也就把法海寺建筑的壁画临摹下来了。有这种待遇的单位，那个时候很少，只有几个，如地质调查所等。工作上的制度、待遇什么的，也可以说是洋式的，时间也是跟洋人学——一个礼拜只有五天班，星期六半天，每一天六个钟头，这都是美国办法。要是给学社分阶段的话，七七事变以前也就是这么一个情况。

那个时候的研究工作就是这么个办法：测量完了，回去把它画出来，我们的工作就这样了，然后两位老师（梁、刘二公）去分析、研究，到最后他们研究分析出来的结果，自然就变成我们学习的课本了，就跟着学。就是这么一个做法。别的明确的目标没有，就是先这么一个建筑实例接一个建筑实例地做下去。

访谈者：像您、莫老等新职员和老社员之间在学术上有没有什么交流，有没有在一起学术讨论？

陈明达：我们这些人（职员）跟社员没什么关系，在学术上交流不多，在技术上也碰不到一起，还有就是在年龄上也碰不到一起。这些社员都比我们大至少十岁。像谢国桢先生[1]（一个有名的专门研究明史的专家，前几年去世了），我们也佩服他的学问，但没什么交流。老社员，流行的话叫作博学，但研究的问题跟我们那时差别比较大。

访谈者：有什么比较有影响的学术交流活动吗？

陈明达：少。学社社员基本上是名义上的，有些人我们都没有见过面，不认识。即使某社员来了，真正涉及建筑方面的问题，也差不多都是空泛之论。有些老先生来，找梁公或大刘公谈谈就算了。那些社员老先生，基本上是按照中国旧的方法来进行研究。年轻一些的人中，单士元算是最接近老先生的，那时他主要是从文字上、从书本上去搞，还没有跟实际建立联系。

访谈者：就是还没有实地去测绘，仍停留在营造古籍之中？

陈明达：有些人就是这种做法。有一个人在老派人中算是最勤快的，叫乐嘉藻，他居然写出了一本中国建筑史。这本书我最近想找来重新看看，你回去查查你们学校有没有。你看看就知道，那些老先生是怎么研究的，与后来的梁思成、刘敦桢等的方法有什么不同了。看一看也有好处，知道他们是怎么研究的。

访谈者：您能谈谈学社职员的具体工作和收入吗？

陈明达：职员的具体工作和收入，还是从我们的亲历经过来说吧。我跟莫先生，当时在营造学社是比较特殊的两个人。那时候新来的人，来了以后就先学画图，一个月二十块钱，算是很低的工资。但是学社每年要评一次，就是两位先生看这一年里面你干活的情况，如果干了不少的活，干出的活也都不错，在第二年就加一倍，翻一番。我是 1932 年入社，到 1937 年的时候，我和莫先生的月薪是一百二，

---

[1] 谢国桢（1901—1982），字刚主，晚号瓜蒂庵主，著名历史学家、文献学家。

在那个时候也算是相当高的工资了。相反的情况也有，一个姓叶的原东北大学学生，他加薪最慢，因为他干的活实在不行。我们都加到一百二了，老叶还是三十几块。那时也不管年纪也不管什么的，就看你平常做的工作，看工作水平和成绩怎样。

伍　关于中国营造学社的财务收支等情况

访谈者： 您刚才谈了学社职员的具体工作和收入，能接着谈谈全学社的收支吗？

陈明达： 这个时候的经费也和从前不一样了。从前朱先生自己出钱，再加上美国庚款资助。实际上也用不了多少钱，因为大部分人都不给工资，大概有空就过来看看，聊聊天，不做什么的。还有一些就是工人，木工、彩画工等。那个时候工人的工资很有限，一天平均一块钱就不算低了。后来我们这些人来了，朱先生个人负担就有困难了。那个时候为什么有那么多社员？还有什么评议等等，那么多名目。

访谈者： 那些是出钱的？

陈明达： 至少起个联络作用，联络社会上各种各样的人——有些是比较大的官，有些是银行家。为的是什么呢？为的是筹集资金。比如说周诒春[1]，此人当过教育部长，把他请来，又加了社员名义，找他给筹划一点经费就比较容易了。袁同礼[2]是那个时候北平图书馆的馆长，请他当了社员，我们以后到那里看书、查文献什么的，就方便了。还有林行规、卢树森、陈植等等[3]，这些人都是建筑师事务所的

---

[1] 周诒春（1883—1958），安徽休宁人。1913 年任清华学校校长，1925—1928 年任中华教育文化基金董事会董事、总干事。

[2] 袁同礼（1895—1965），华裔美国图书馆学家、目录学家。1916 年毕业于北京大学，1942 年任北平图书馆馆长。

[3] 林行规（1882—1944），字斐成，清末民国时期司法界人物，1914—1916 年任国立北京大学法科学长。
卢树森（1900—1955），毕业于美国宾夕法尼亚大学建筑系，曾设计南京中央研究院北极阁中央气象台等。
陈植（1902—2001），字直生，毕业于美国宾夕法尼亚大学建筑系，著名建筑师。20 世纪 30 年代，陈植与赵深、童寯创办华盖建筑事务所。1986—1988 年担任上海市文物保管委员会副主任。

大老板，或者至少是二老板，是建筑界有名的人。比如陈植与赵深、童寯在上海创办的华盖建筑事务所[1]是很有影响力的，那个时候建筑公司收入很多，就请他们捐点款。

访谈者：是不是还有基泰工程司[2]啊？

陈明达：是的，包括基泰，几个建筑公司差不多是固定每年捐助多少钱，这也是经费来源的一部分。而更大的经费资助，就是庚子赔款。所谓庚款，就是中国被八国联军打败了定下条约，要中国赔多少军费，是同这八个国家分别定的。后来经过外交上的努力，这些国家同意不要这个赔款，但也不是完全不要，是不拿它当一笔收入，这笔钱还是用在我们国家，但指定只许用在文化教育方面。庚子赔款是八个国家的，都同意退，每一个国家的庚子赔款各有一个单独的组织来管理它，营造学社用的是美国赔款。

访谈者：就是中华文化教育基金会？

陈明达：对，就叫中华文化教育基金会，是美国的赔款。像学社社员名单里的李书华[3]、朱家骅等，都是中华文化教育基金会的委员。

访谈者：这个是中英庚子赔款吧？

陈明达：是。具体的我可记不清了。学社的日常费用包括工资。拿工资的专指"本社职员"——社长、法式部主任及助理、文献部主任及助理、研究生、会计、庶务。后来又增加了一笔大的开支——每年要出四本汇刊（第一、二卷不算，第三卷开始）。第一卷只出了两期，第二卷出了三期，还是不定期学刊，而且都以古代文献的解读、考证居多，涉及具体建筑实例少。第三卷开始就有具体的东西了，大量测量的成绩都制版印出来了，因而印刷费相当高。而且，汇刊是不卖钱的，不指望一般读者会买，以送人居多，国内国外的学术单位都有，还有学社的会员、职员等也每人有一本。每年这四本汇刊的印刷

---

[1] 赵深（1898—1978），毕业于美国宾夕法尼亚大学建筑系，著名建筑师。历任中国建筑学会第二、三、四届副理事长。

童寯（1900—1983），字伯潜，毕业于美国宾夕法尼亚大学建筑系，著名建筑学家、建筑教育家。

[2] 基泰工程司，1920年创办于天津，是我国创办较早、影响最大的建筑设计事务所之一。

[3] 李书华（1889—1979），字润章，物理学家、教育家，主要著作有《科学家之特点及其养育》等。

费，我记得大概是两万块钱。所以，这个两万块钱就得向中英庚款委员会特别申请。从那个时候起，出到第六卷，七七事变了。后来又出了两本。

访谈者： 是第七卷两期？

陈明达： 对，第七卷只出了两本。九一八事变起，到七七事变止，这是学社的第二个阶段。之后一段时间就等于是散伙了，继续办下去的可能性看起来不大——没有经费来源了，朱先生个人已经负担不了整个经费了，别的那些来源也断了，特别是庚款资助中断了。

访谈者： 庚款委员会有没有每年资助学社的明确计划？

陈明达： 庚款委员会有它的拨款计划，明确到不同单位的数目。学社就是按照它的要求申请的，记得是每几年拨一次。他们的拨款有几种不同的性质，有的是每年拨，拨多少年以后看你的发展情况，再决定下一期给你多少；有的是年年变数目的；也有一年给多少年。凡是接受这种国外教育基金会的单位，一般都基础比较好、成绩比较好。那些受到资助的单位，如果成绩好，就继续拨款；有些研究单位新成立，它就要观察你到底做得怎么样，有严格的审查，根据你的成果决定拨给你多少，是长期的还是短期的。他们在学术上面很认真。

访谈者： 拨款就是看你的研究成果？

陈明达： 对，基本上就是这么个精神。你看有名的这几个单位，比方说地质调查所（代表人物有翁文灏、裴文中、李四光等），是庚款补助的一个大研究单位。还有其他几个研究机构，很做出一些成绩来，在学术界很有名。庚子赔款委员会对教育、科研事业的帮助是很大的。

访谈者： 英国的庚款是不是也用于文化教育事业？

陈明达： 都是文化教育口，就是促进文化科学方面的发展。我觉得它的用意很好，事实上，产生的效果也不坏，现在最显著的就是一个地质所、一个生物所，取得了很多国内外瞩目的成绩，现在的几个研究单位算是这两个所的嫡出。

访谈者： 我不明白，他们为什么要给中国教育文化事业经费呢？

陈明达： 因为中国是穷国，科学不发达，有这一笔钱，可以用来搞科学研究。这也反映了当时的外国人对中国政府的看法，他们不相信政府，要通过这个专款委员会控制钱款去向。要不然，干脆把这钱退给你们自己去办，不也可以吗？

访谈者： 怕这笔钱做别的用？

陈明达： 没错，所以他们组织这么一个委员会来控制着。现在回过头来看呢，这个做法也还是有对的地方——要不然这笔钱不知道怎么被胡花掉了。这反映了他们很看不起中国，可是也没办法，事实上就是那样的。这是一个问题，还有一个问题——外国人（西方人）看不起中国，日本人也看不起中国。这个看不起是多方面的，我现在要说的只是在学术方面看不起中国。我可以说个故事。营造学社刚刚成立的时候，朱先生注意到我们自己还没有经验，他曾是内务部总长，认识不少外国人，就邀请了几个搞中国建筑的外国人当社员，比如说德国的鲍希曼、艾克，瑞典的喜仁龙（他自己起的汉文名字），日本的关野贞，还有一个好像是写过《中国佛教史迹》等的常盘大定（我记得比较早的营造汇刊里面好像有成立大会的相片）[1]。有这些人参加，当然就要请这些社员讲讲话了。别的国家的人都相当客气，只有一个日本人，讲话很不客气（是谁啊，我忘了）。日本人说什么呢？那意思是说，中国古代的建筑很好、很有价值，里面也包含了很多经验、理论，需要好好地研究，但完全由你们中国自己来研究是研究不好的，一定要日本人参加才能够研究好。为什么呢，因为中国人对新的科学技术知道得太少，更不会运用，要好好地研究古代的建筑，就一定要用现代的科学方法，给这些古代的东西测量、画出工程图来；但是这个工作现在只有我们日本人能做，你们中国人只能去翻翻古书，查一查书上的记载。他们非常不客气，说得非常自高自大。梁先

---

[1] 鲍希曼（Ernst Boerschmann, 1873—1949），德国建筑师、汉学家、中国艺术史学者，是第一位全面系统考察和研究中国建筑的西方学者。

喜克（Gustav Ecke, 1896—1971），德国埃尔朗根 - 纽伦堡大学哲学博士，后任美国夏威夷大学东方美术学教授。著有《泉州双塔——中国晚近佛教雕塑研究》等。

喜仁龙（Osvald Sirén, 1879—1966），瑞典艺术史学家，著有《5 至 14 世纪的中国雕塑》《北京的城墙和城门》《中国园林》等。

关野贞（1868—1935），日本建筑史学家，著有《中国文化史迹》（与常盘大定合著）、《朝鲜古迹图谱》等。

常盘大定（1870—1945），日本古建筑学家，著有《中国文化史迹》等。

生来学社以后，学社开始调查古代建筑实例，头一个就是调查测量独乐寺，以后就一个接一个地写出高水平的调查报告了。等到出了几期汇刊以后，这几个日本人不知道出于什么心理，再不来营造学社了。

陆　中国营造学社与外国的学术交流（略）

柒　营造学社的研究成果（略）

捌　我个人的研究工作点滴（略）

玖　关于我所撰写的两本专著（略）

拾　近期的一些思考——关于东西方的建筑观念等（略）

编后记

　　2022 年是朱启钤（1872—1964）先生诞辰 150 周年。怀着对先贤的敬仰之心，2 月 25 日，朱启钤先生辞世 58 周年前夕，在北京市建筑设计研究院召开"朱启钤与北京城市建设——北京中轴线建筑文化传播研究与历史贡献者回望"学术沙龙。我们邀请了朱启钤曾孙朱延琦及与朱启钤共事多年且对 20 世纪早期中国城市现代化建设贡献颇多的建筑师华南圭（1877—1961）的孙女华新民等数十位建筑文博专家，共同缅述朱启钤为北京城市建设的一系列贡献。我在主持语中说："敬畏历史，以历史观照未来；敬畏文化，以文化提升自信基石；敬畏先贤，以塑造人文城市的目标。"从某种意义上说，这个也是我

2007 年 1 月 15 日在东四八条 111 号朱启钤旧居，左起：殷力欣、崔勇、刘志雄、朱延琦、金磊、刘锦标

2007年3月8日，金磊（左一）、刘志雄（右一）到天津拜访朱启钤之孙朱文榘先生

们二十余年来研究并缅述朱启钤先生的思想基础。

2020年是中国营造学社成立90周年，11月初，中国文物学会会长单霁翔指示，中国文物学会20世纪建筑遗产委员会要专门拜访现住北京东城区东四八条111号的朱启钤曾孙朱延琦。2020年11月9日，委员会专家组一行再次踏进朱延琦的家门。

事实上，我对朱启钤及中国营造学社的认知，源于已故国家文物局古建专家组组长、《中国建筑文化遗产》原名誉主编罗哲文寄我的《中国营造学社研究》（崔勇著，东南大学出版社2004年第1版）；2006年我们策划了"重走梁思成古建之路——四川行"活动，此活动既是纪念梁思成诞辰105周年，也是纪念梁思成中国建筑遗产研究的开山恩师朱启钤；我在2007年6月18日第25期《瞭望》周刊曾发表文章《保护朱启钤故居的深意》，文章从"人文奥运"，从严禁任何形式的"翻建"行为的角度，建议要为北京的人文奥运建设留下朱启钤旧居的遗产；2009年前后我们组织出版了《营造论——暨朱启

2021 年 3 月 23 日，同朱延琦一同拜访刘宗汉先生

钤纪念文选》等多种纪念图书。

细细品读朱启钤 92 载人生履历可知，他早在民国初年便在北京城市现代化建设的一系列"大事"上开风气之先：在北京城改造上，率先倡导"修旧如旧"原则；他任内务总长时，第一次在北京街道两旁种槐树，沿护城河栽种杨柳；他的正阳门改造工程"开启民治北京的先河"，为早期北京城市现代化建设奠定了基础；他辟北京西苑为新华门，拆旧街千步廊为天安门广场，拆皇城城垣，开通长安街南北交通要道，并推进南城香厂新市区建设……这些在当时虽使京城上下哗然，但他的"京城规划第一人"及"城市更新首创者"的地位不可撼动。他在 58 周岁时创办中国营造学社，这一 20 世纪对中国建筑的保护创新之举确成为有渊源的意料之中的大事。

值得一提的是，由《建筑创作》杂志、《中国建筑文化遗产》等编撰的关于朱启钤以及中国营造学社纪念书刊与文集——《留下中国建筑的精魂——纪念朱启钤创立中国营造学社八十周年画集》（天津大学出版社，2009 年 4 月第 1 版），是一本连环画形式的小书，一经问世影响极大，为公众普及了建筑史学文化。清晰记得，2009 年 4 月 14 日，在国家文物局指导下，在北京市东城区文化委员会等单位支持下，在东四南新仓举办"留下中国建筑的精魂——纪念朱启钤先生创立中国营造学社八十周年研讨会"，通过这个展览与论坛，传承着朱启钤建筑思想。会前的 2009 年 3 月 11 日，在朱启钤曾孙朱延琦引领下，建筑文化考察组到八宝山革命公墓为朱桂老祭扫，奉上了我们刚刚出版的《营造论——暨朱启钤纪念文选》，在朱桂老墓前我想到与我们共同为传承朱桂老建筑文化精神不懈奋斗的诸位同人，梳理着我们曾经的保护与传播工作：自 2006 年以来建筑文化考察组多次赴东四八条 111 号故居与朱延琦、张允冲商讨修复牌楼、院落及策展之事；在中国文物研究所（现为中国文化遗产研究院）翻看、研读印

2023 年 3 月 6 日，编辑部在东四八条 111 号朱启钤旧居拜访朱延琦（后排左起：朱有恒、金维忻、李沉、金磊、苗淼）

有中国营造学社图章的《中国营造学社汇刊》第一卷第一册，反复感悟朱启钤所写《中国营造学社缘起》与《中国营造学社开会演词》文稿的深意与内涵；赴天津向朱启钤孙朱文榘了解相关历史情况……

2020 年 11 月 11 日，《中国建筑文化遗产》编辑部在给单霁翔会长的汇报中，提出了"将北京市东城区东四八条 111 号命名为朱启钤旧居并挂牌，纳入北京市文物保护单位"等五个建议；在 2022 年 2 月 25 日北京建筑设计研究院会议上，在 11 月 12 日《"城市更新"第一人，走进中国建筑宗师朱启钤的百年传奇》微信文章及天津大学建筑学院 11 月 28 日微视频《紫江朱启钤》等，都再次表达了我们传承朱启钤建筑文化精神的意愿与深入的工作思考。在《朱启钤与北京》一书编撰访谈中，中国文物学会 20 世纪建筑遗产委员会专家李沉、苗淼、崔勇、朱有恒等多次造访东四八条 111 号。为追溯朱桂老与华南圭开辟北京中山公园的历史贡献，2022 年 4 月 11 日，我们还与华新民女士在中山公园研究室盖建中主任引领下重走"中国营造学社中山公园之路"，在来今雨轩共同研讨了 90 多年前先贤的建筑创举与精神。《中国建筑文化遗产》副总编辑殷力欣先生没有参加本书历次访谈，但对他所承担的本书文稿编辑校订工作是尽职尽责、尽心尽力的，他提出了许多有益于书稿完善的意见和建议。

有感于朱桂老秘书刘宗汉为本书题写书名及精校其中的错误，有感于朱启钤曾孙朱延琦几十年如一日为传承先祖建筑文化精神所做的一切，更有感于单霁翔会长为本书作序，我以为无论是《中国建筑文化遗产》《建筑评论》"两刊"，还是以传承与创新为主旨的中国文物学会 20 世纪建筑遗产委员会，我们都确信做了一件极其有价值的事，因为它为讲好 2024 年北京中轴线申遗的故事，增加了除建筑景观之外更重要的人物"故实"。

金磊

中国文物学会 20 世纪建筑遗产委员会副会长、秘书长

中国文物学会传统建筑园林委员会副会长

《中国建筑文化遗产》《建筑评论》"两刊"总编辑

2023 年 11 月

责任编辑：李含雨

美术编辑：巢倩慧

责任校对：高余朵

责任印制：汪立峰　陈震宇

图书在版编目（ＣＩＰ）数据

朱启钤与北京 ／ 朱延琦口述 ； 中国文物学会20世纪
建筑遗产委员会编. — 杭州 ： 浙江摄影出版社，2024.2
ISBN 978-7-5514-4877-2

Ⅰ．①朱… Ⅱ．①朱… ②中… Ⅲ．①朱启钤（
1872-1964）－生平事迹 Ⅳ．①K827=7

中国国家版本馆CIP数据核字（2024）第014623号

ZHU QIQIAN YU BEIJING

朱 启 钤 与 北 京

朱延琦 口述

中国文物学会20世纪建筑遗产委员会 编

全国百佳图书出版单位

浙江摄影出版社出版发行

　地址：杭州市体育场路347号

　邮编：310006

　网址：www.photo.zjcb.com

　电话：0571-85151082

制版：浙江新华图文制作有限公司

印刷：浙江兴发印务有限公司

开本：787mm×1092mm　1/16

印张：9.5

2024年2月第1版　2024年2月第1次印刷

ISBN　978-7-5514-4877-2

定价：78.00元